平成の鉄道アルバム

JR普通列車編

【関東・甲信越・東北・北海道】

著／牧野和人　写真／安田就視

◎五能線　越水～陸奥森田　1993（平成5）年4月

Contents

1章 電車

旧型国電 …… 6	201系 …… 62	E233系 …… 104
101系 …… 8	203系 …… 67	E235系 …… 108
103系 …… 9	205系 …… 68	E331系 …… 109
105系 …… 28	207系 …… 84	415系 …… 110
301系 …… 29	209系 …… 85	417系 …… 116
107系 …… 30	211系 …… 90	715系 …… 118
113系 …… 34	215系 …… 92	717系 …… 120
115系 …… 44	E217系 …… 94	169系 …… 122
119系 …… 58	E127系 …… 96	455系 …… 123
123系 …… 59	E129系 …… 99	E501系 …… 128
313系 …… 60	E231系 …… 100	E531系 …… 129

2章 気動車

701系 …………………130	キハ20系/キハ52………152	キハE130系……………214
719系 …………………136	キハ40系………………164	キハE200 ………………216
E721系 …………………138	キハ54 …………………182	HB-E210系……………217
711系 …………………140	客車 ……………………184	GV-E400系……………217
721系 …………………144	キハ37形/キハ38形……188	キハ130形………………218
731系 …………………147	キハ56系………………192	キハ141系………………220
733系 …………………148	キハ58系………………196	キハ150 …………………220
735系 …………………149	キハ110系………………200	キハ201系………………222
EV-E301系……………150	キハE120 ………………214	H100形…………………223
EV-E801系……………150		

◎成田線　笹川〜小見川　1991 (平成3) 年4月

◎五能線　越水駅　1991（平成3）年4月

1章
電車

◎羽越本線　羽後本荘駅　1999（平成11）年2月

旧型国電

【鶴見線】鶴見駅に停車している首都圏最後の旧型国電。鶴見線は浜川崎線（南武線）と同様に貨物線として計画された路線で、電化を機に電車による旅客輸送が始まったのは1930（昭和5）年のことであった。◎1991（平成3）年4月21日

【鶴見線】京浜運河に面した鶴見線海芝浦支線の終点海芝浦駅にクモハ12がホームに佇む。戦前生まれの17メートル級車は、平成の世まで現役車両として活躍。昼間や休日の閑散時間帯に鶴見～海芝浦、大川間で運転された時期があった。◎1991（平成3）年4月

【鶴見線】武蔵白石駅の風景。1996（平成8）年3月大川支線のクモハ12形が運転終了した翌日から大川行きは鶴見発着となり、武蔵白石駅は停車しなくなった。そのため本線との乗り換えは安善で行われるようになった。◎1991（平成3）年4月

【鶴見線】大川駅付近の風景。大川支線ではJR化以後も旧型国電が活躍することから鉄道ファンの人気路線であった。引退時の弁天橋で行われたイベントは数多くのギャラリーに囲まれ大盛況であった。◎1991（平成3）年4月

101系

製造年:1957〜1969年
製造数:1,535両
最高運転速度:100km／h
設計最高速度:100km／h
全長:20,000mm
全幅:2,832mm
全高:3,935mm
車体:普通鋼
主電動機出力:100kW

【南武支線】南武線の尻手〜浜川崎間は、浜川崎支線と呼ばれる4.1キロメートルの盲腸線。近代通勤型電車の祖である101系が関東地区で運転された最後の路線だ。民営化後にワンマン化と塗色変更、冷房化改造を受けた。◎尻手駅　1991(平成3)年6月

【南武支線】南武線、鶴見線用の車両基地である中原電車区に留置中の101系。2004(平成16)年に浜川崎支線の運用から退いた。2両編成のワンマン運転仕様で、正面窓の上部には「ワンマン」の表示がある。隣には新たに支線専用車となった205系の姿が見える。◎2005年(平成17) 9月10日

103系

製造年：1963年（試作車）
　　　　1964〜1984年（量産車）
製造数：3,447両
最高運転速度：100km／h
設計最高速度：110km／h
全長：20,000mm　全幅：2,832mm
全高：3,935mm　車体：普通鋼
主電動機出力：110kW×4基／両

【京浜東北線】品川付近を行く103系。京浜東北線へは1965（昭和40）年より、本形式が本格的に投入された。編成の塗装は線区を象徴する色として採用された「みず色」で統一されている。先頭車は1974（昭和49）年以降に製造された高運転台車である。
◎1991（平成3）年5月

【根岸線】根岸線では京浜東北線、横浜線の列車が直通運転する。京浜東北線に103系が運転されていた平成時代の初期。貨物輸送の拠点である根岸駅界隈は通勤路線の様相を強くしていた。電車の行先は終点大宮より手前の南浦和と表示されている。
◎根岸　1991（平成3）年4月

【成田線】成田線（我孫子〜成田）間は常磐快速線と一体的な運用。2006（平成18）年までは103系が使用されていたが、現在はE231系に統一され、上野東京ラインの品川まで直通運転を行っている。◎2003（平成15）年

【根岸線】山手イタリア山庭園付近から、直下を走る根岸線を見下ろす。遠望される臨海部には横浜市の象徴である横浜マリンタワーが建つ。平成初期の主力車両は103系。海の近くを通る路線の車両にふさわしい「そら色」の塗装だった。◎1991（平成3）年4月

【常磐線】上野駅の高架ホームで発車を待つ103系。取手行きの電車である。青緑1号「エメラルドグリーン」の塗装は常磐線快速、および成田線の我孫子支線で運用される車両に施された。いずれも松戸電車区（現・松戸車両センター）の所属だった。◎1991（平成3）年6月

【常磐線】北千住付近を行く緩行線から転属した103系1000番台。常磐線の快速列車運用を受け持った103系は、通勤時等の混雑緩和策として、1987（昭和62）年12月1日より一部の列車を従来の10両編成から15両編成として運転を始めた。◎1991（平成3）年6月

【中央総武線】外堀沿いにサクラ並木が続く中央本線市ヶ谷〜飯田橋間。複々線区で堀寄りを通る中央緩行線を103系が走る。御茶ノ水から新宿方が中央本線に属する緩行線の列車は、車両基地がある三鷹（一部武蔵小金井）まで運転される。◎1991（平成3）年4月

【成田線】5両編成で成田線の木下〜小林間を行く103系。常磐線用の103系が所属した松戸電車区の車両が使用された。先頭は穏やかな顔立ちの低運転台車。5両編成を二つ繋げた10両で運転されることもあった。
◎1992(平成4)年8月14日

【総武本線】錦糸町から御茶ノ水へ至る区間は総武本線の支線。浅草橋、両国と下町情緒溢れる駅名が続く区間で列車は隅田川を渡る。優美な姿の橋梁は1932（昭和7）年の竣工。鋼製のアーチと桁の両方で橋を支えるランガー桁は、日本で最初に本施設へ用いられた。◎2000（平成12）年6月

【総武本線】カナリアイエローは中央総武緩行線で運転された電車の色である。黄色い103系は1979(昭和54)年から世紀を跨いだ2001(平成13)年まで活躍した。民営化に際して貼られた運転台下のJRマークは、横帯と同じ銀色だった。◎平井　1991(平成3)年5月

【南武線】尻手駅に停車する6両編成の103系。1982(昭和57)年から南武線に投入された。東京周辺の近郊路線で車両の近代化に貢献した101系同様、カナリアイエロー1色の塗装をまとう。2004(平成16)年まで使用された。◎尻手駅

【総武本線】平井駅付近ですれ違う総武緩行線の列車。103系や201系など、全身を路線のイメージカラーで塗られた鋼製車体を持つ車両は、昨今主流を占める「塗られていない」車両よりも街中で存在感が強く、沿線利用客には一目で所属路線が分かった。◎1991（平成3）年4月

【南武線】東京近郊の路線で車両の近代化を推進したのは通勤型の量産車103系だった。府中本町駅で南武線のホームにカナリヤイエロー塗装の高運転台車が停まる。その向うにある武蔵野線ホームに停車するのも103系。あたかも数年前の中央本線を想わせる眺めだ。◎1999（平成11）年1月23日

【鶴見線】鶴見線武蔵白石駅に入線する103系。正面の他、運転室扉の隣にある戸袋に下にJRマークが張られているのも101系と同じ仕様。方向幕は白地である。◎2000（平成12）年6月8日

【青梅線】青梅駅の構内に103系が2編成留め置かれている。青梅線は中央本線で活躍した歴代の通勤型電車が、第二の職場とした路線である。103系は昭和の末期から101系を置き換え民営化後も主力として運用された。◎1999（平成11）年1月31日

【武蔵野線】京葉線市川塩浜を発車する103系は、武蔵野線用のオレンジバーミリオン塗装。武蔵野線で使用された当初は6両編成だったが、後に8両に増やされた編成も登場した。◎2004(平成16)年3月27日

【武蔵野線】首都圏で鉄道の外環路線となっている武蔵野線。1978（昭和53）年に貨物路線を含む100キロメートルに及ぶ区間が全通して以来、世代ごとの通勤型電車が投入されてきた。103系は中央本線用等と同じ、オレンジバーミリオン塗装のいで立ちだった。◎北朝霞〜西浦和1992（平成4）年10月14日

【中央総武線】地下鉄東西線との直通相互乗り入れ用301系の増備を目的とし投入された103系1200番台。帯色は最初、総武緩行線のカナリアイエローであったが、205系登場により誤乗を避けるため東西線のラインカラーのスカイブルーに塗装が変更された。◎2013（平成15）年

【京葉線】高架の壁越しに林立する工場群が望まれる京葉線市川塩浜駅へ入線する103系。1986（昭和61）年に京葉線が旅客営業を開始した際に京浜東北線・根岸線、横浜線で使用されていた車両が転入した。車体の色は京浜東北線と同じスカイブルーで統一されていた。◎1991（平成3）年5月

【京葉線】京葉線新浦安付近を行く103系。武蔵野線の列車であることを示す、朱色1号「オレンジバーミリオン」塗装の編成である。武蔵野線で運転される列車の大半は、西船橋から東京、南船橋まで京葉線に乗り入れる。◎1991（平成3）年5月

【京葉線】東京〜新木場間の開業と共に京葉線は全通した。同時に運転を開始した快速には休日運転の列車に「マリンドリーム」、武蔵野線直通の列車に「むさしのドリーム」という愛称が付けられた。運転開始直後は103系も充当された。

【川越線】武蔵野の山野風景が残る川越線高麗川〜武蔵高萩間を行く103系。川越線は1985 (昭和60) 年に全線が電化された。同時に埼京線等で使用されていた103系が、気動車に替わって投入された。車体の塗装は山手線等と同じ黄緑6号「ウグイス色」だ。◎1992 (平成4) 年3月5日

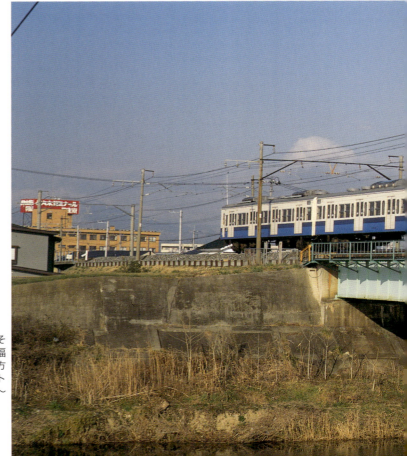

地方私鉄の宮城電気鉄道を祖とする仙石線。それ故、今日でも駅間距離が短い区間は多い。福田町～陸前高砂間は0.9キロメートル。福田町方には七北田川が流れる。簡潔な設えのプレートガター橋梁を103系が渡って行った。◎福田町～陸前高砂　1998(平成10)年12月22日

宮城電気鉄道が仙台〜西塩釜間に鉄道を開業したのは1925（大正）年6月5日。以来、直流電化路線であった鉄路には、旧国鉄仙石線となってからも直流電車が運転されてきた。103系は昭和50年代から平成期にかけて主力として活躍した。◎髙城町〜松島海岸　1991（平成3）年3月15日

【仙石線】陸前大塚～東名間の103系。買収国電がルーツのみちのく通勤路線が仙石線である。103系の前は72系が活躍していたが、車体のみ103系と同じものに載せ替えた「アコモデーション改良車」があった。◎1992（平成4）年12月

105系

製造年：1981～1990年
製造数：新造60両、改造66両
最高運転速度：100km／h
設計最高速度：100km／h

全長：20,000mm　全幅：2,832mm
全高：3,935mm
車体：普通鋼
主電動機出力：110kW

【仙石線】個性豊かな旧性能電車で運行していた仙石線でも、1979（昭和54）年から103系の運転が開始された。東北初進出の103系だが新車ではなく東京地区からの転属車両であった。105系は103系からの1M方式化の大改造を行い赤・青・白の派手な塗装で登場した。◎東矢本～陸前赤井　1988（昭和63）年11月21日

【仙石線】派手な面立ちをしていた105系は平成初期に103系と同じスカイブルーに塗り改められたが、区別のため前面に白線2本を追加した。1998（平成10）年に浦和電車区（現・さいたま車両センター）からの103系更新車転属により置き換えられ、廃車となった。◎石巻駅　1990（平成2）年10月13日

301系

製造年：1966～19698年
製造数：8編成56両
最高運転速度：100km／h
設計最高速度：100km／h

全長：20,000mm　全幅：2,832mm
全高：3,935mm
車体：アルミニウム合金
主電動機出力：110kW

【中央総武線】301系は1966（昭和41）年と1969年に地下鉄東西線乗り入れ車両として7両編成8本が新製投入された。その後10両編成に組み替え冷房化、更新が行われ30年以上活躍してきたが、2003（平成15）年に廃車となった。◎葛西　1989（平成元）年1月

【中央総武線】301系の帯の色を地下鉄東西線と同じスカイブルーに変更されたのは1989（平成元）年のことだった。なお、301系のさよなら運転は従来の中央緩行線ではなく最初で最後の中央快速線での運行となった。◎浦安　1992（平成4）年9月3日

107系

製造年：1988〜1991年
製造数：27編成54両
最高運転速度：100km／h

設計最高速度：100km／h
全長：20,000mm
全幅：2,832mm

全高：3,935mm
車体：普通鋼
主電動機出力：120kW×4

【日光線】昭和末期に日光線へ投入された塗装変更後の107系0番台車。勾配区間で生じることがあった空転への対応策として、制御車に砂箱と砂撒き装置を備えていた。また、寒冷地での使用に当たり、架線の霜取り用パンタグラフを装備していた。◎2011（平成23）年5月4日

【信越本線】高崎駅を後にする信越本線横川行きの107系。当初、日光線に投入された地方路線向けの電車は、1988（昭和63）年から100番台車が増備され、高崎地区の路線で運用を開始した。信越本線横川〜軽井沢間でEF63と協調運転できる機能を備えていた。◎高崎〜北高崎　1999（平成11）年2月

【両毛線】実りの秋を迎えた両毛線大平下〜岩舟間を行く107系。製造費を抑えるために、主電動機や台車、冷房装置等を、同路線等で運転されていた急行型電車165系の廃車発生品から再利用している。しかし車籍上は改造車ではなく新製車として扱われた。
◎1992（平成4）年9月25日

【吾妻線】上越線渋川と群馬県の西端部に位置する大前を結ぶ吾妻線。草津温泉への最寄り駅、長野原（現・長野原草津口）を過ぎると、行く手はいよいよ山深くなる。地方路線向けの直流電車である107系は、高崎運転所（現・高崎車両センター）所属車が吾妻線の運用に就いた。◎袋倉〜羽根尾1990（平成2）年10月

【日光線】107系は比較的輸送量が少ない地方の電化路線向けに製造された直流型電車である。日光線には民営化から間もない1988(昭和63)年に投入された。車体側面にはクリーム10号の地色に日光線の頭文字Nをデザイン化した緑14号の塗り分けが入った。◎今市〜下野大沢1992(平成4)年7月28日

113系

製造年：1963〜1982年、1989年　全長：20,000mm（連結面間長さ）全幅：2,900mm
製造数：2,977両　全高：3,654mm（屋根高さ）　4,140mm（パンタグラフ折りたたみ高さ）
最高運転速度：100km／h　車体：普通鋼　ステンレス（サロ124・125形）
主電動機出力：直流直巻電動機

【東海道本線】旧国鉄時代から民営化後に至るまで、長きに亘って東海道本線の普通列車で主力を務めてきた113系。東京〜小田原、熱海間等で運転していた長大編成や静岡地区の4〜6両編成等、同一形式で地域ごとの輸送量に対応した編成を組んでいた。

【横須賀線】品川駅に入線する横須賀線の113系。車体の塗装はクリーム1号と青15号で塗り分けられた伝統のスカ色だ。塗色の由来は、1940（昭和15）年に開催される予定であった東京オリンピックのイメージカラーを踏襲したとの説がある。
◎1991（平成3）年7月

【横須賀線】東海道本線、横須賀線、相模鉄道が並ぶ保土ヶ谷〜横浜間を行くスカ色の113系。横須賀線で運用する車両は、東京駅の地下ホームを経由して総武本線との直通運転が始まって以降、地下区間乗り入れに対応する仕様の1000、1000`番台車が充当された。◎1991 (平成3) 年5月

【東海道本線】80系や153系で運行されていた東海道線本線東京口の中距離電車を置き換える目的で登場した111系。その後、増備過程で出力を増強した113系が誕生し「湘南電車」として親しまれた。湘南色113系は既に消滅している。◎湯河原～真鶴 1990(平成2)5月

【総武本線】総武本線市川付近を行く113系。品川〜錦糸町間の地下区間へ乗り入れる列車には、運輸省（現・国土交通省）制定のA-A基準に対応した難燃構造の部材を用いた1000番台車が充当された。主制御器はメンテナンスフリー化を図ったものに変更された。◎1991（平成3）年5月

【成田線】利根川の下流域を東西に延びる成田線笹川〜下総橘間。当路線の本線区間は佐倉〜松岸間で東へ進むほどに水田等が広がる長閑な沿線風景が展開する。広々とした平野の奥には、鹿島灘沿岸に建つ発電所、工場が遠望される。◎1991(平成3)年4月

【成田線】本線とは別の地域を通り、通称我孫子支線と呼ばれる成田線の我孫子〜成田間。平成当初の主力車両であった113系は、幕張電車区(現・幕張車両センター)に所属していた。まだ本線で同系車両の姿が見られた中、1998(平成10)年に支線の運用から退いた。◎木下〜小林　1991(平成3)年3月

【鹿島線】鹿島線延方〜鹿島神宮間には、湖で日本第2位の面積を持つ霞ヶ浦の一部を形成する北浦が横たわる。鉄道は長大な橋梁で湖面を渡る。西暦が2000年代に入ってからも長きに亘って、普通列車の主役は水のある景色が似合うスカ色の113系だった。◎2000（平成12）年7月

【東金線】房総半島の東岸へ至る外房線の大網と、千葉県下を横断する総武本線の成東を結ぶ東金線。定期列車は普通列車のみで路線内を折り返し運転する列車の他、京葉線直通列車や、外房線経由で千葉を起点終点とする便がある。113系は2010（平成22）年まで運転された。◎東金～求名　1991（平成3）年3月

【内房線】地図上では海辺に沿った区間が多いように見える内房線の竹岡～浜金谷間だが、稜線が海岸部へ落ち込む急峻な地形故にいくつものトンネルが控える。113系はセミクロスシート、冷房装置等の車内設備で、長距離を走る列車のサービス向上に貢献した。◎1991（平成3）年3月

【外房線】113系が沿岸部から若干内陸に入った外房線勝浦〜御宿間を行く。千葉県内で平成時代初期におけるJR路線の主力車両は、スカ色の近郊型電車だった。電化開業以降、72系等の旧型国電を置き換えていった。◎1991（平成3）年3月

【外房線】房総半島の東側となる勝浦付近では、外房線と2本の国道が海辺で交錯する。付近には勝浦中央海水浴場、串浜海水浴場があり、夏季には勝浦湾越しに望む太平洋の景観と相まって賑わいをみせる。◎勝浦〜鵜原　1991（平成3）年3月

115系

製造年：1963〜1983年
製造数：1,921両
最高運転速度：100km／h
設計最高速度：100km／h
全長：20,000mm
全幅：2,956mm
全高：4,077mm
車体：鋼製
主電動機出力：120kW

【上越線】新潟県下で三国街道と清水街道の分岐点に当たる六日町。山間部の町は豪雪地帯であり、駅構内の架線柱は下半分位まで雪に埋もれている。上越線で運転される115系の中には、民営化以降も、雪に映える湘南色塗装の車両が残っていた。◎1999（平成11）年2月19日

【信越本線】新前橋電車区（現・高崎車両センター）所属の115系は1963（昭和38）年に新製配置されて以来、高崎線を始めとした近隣路線での運用に就いた。15両編成で運転していた高崎線の運用を失った後は、3両または6両編成で運用されることが多かった。◎高崎〜北高崎。1999（平成11）年2月

【信越本線】信越本線群馬八幡〜安中間で九十九川を渡る115系。1997（平成9）年に横川〜軽井沢間が廃止されてからも、高崎〜横川間の区間で運用を受け持ってきた。高崎地区の原色といえる湘南色の塗装も車両の最期まで健在だった。◎2016（平成28）年7月30日

【越後線】吉田駅は燕市吉田地区の中心街にある。越後線と弥彦線は駅の前後で僅かな距離を並行し、構内でX形状に交差する。南吉田方に延びる南側の線路は越後線。付近を流れる西川に沿って南へ進路を取る。湘南色塗装の115系が4両編成でやって来た。左は弥彦線。　◎吉田〜南吉田1990（平成2）年10月

【両毛線】東北本線の小山と上越線の新前橋を結ぶ両毛線。普通列車のみが運転される路線で、主に新前橋電車区（現・高崎車両センター）に所属する上越線、高崎線等で運転される車両が共通で使用されてきた。115系は2018（平成29）年までの運転。◎栃本〜大平下　1998（平成10）年12月

【身延線】大正時代に設立された私鉄の富士身延鉄道を前身とする身延線には、建設時の規格からトンネル内を渡る架線高の低い区間が点在する。そのため、集電装置が載る屋根部分を低くした車両が用意された。115系では電動車のモハ114が低屋根の2600番台車となった。◎十島〜稲子　1990（平成2）年4月

【御殿場線】富士山を見て御殿場線裾野〜下土狩間を行く。湘南色塗装の115系。4両から3両に基本編成を短縮した際、中間電動車モハ115の内13両が運転台等を追加する改造を受け、制御電動車クモハ115　508〜520号車となった。◎1999（平成11）年2月

【中央本線】中央本線東部には松本電化を機に1966 (昭和41) 年より115系が投入された。当時の配置区は三鷹電車区 (現・三鷹車両センター)。昭和50年代に入ると、長野地区にも大量に配置されて甲斐、信州地域で一大勢力を誇った。◎2011 (平成23) 年9月12日

【中央本線】甲府駅構内に停車する115系。長らく中央本線の東部で運用された車両はスカ色の塗装だった。横須賀線の専用色として生まれたクリーム色と青の意匠は、山間路線の色としても定着していった。◎1990 (平成2) 年4月

【篠ノ井線】松本と篠ノ井を結ぶ篠ノ井線は、途中にスイッチバック駅が続く山岳路線だ。電化されてから程なくして115系が普通列車に用いられた。民営化後は車体が長野支社独自の塗り分けに塗装変更された。コスモスが咲く西条〜坂北間を行く。◎1990（平成2）年10月2日

【大糸線】木崎湖の畔を行く大糸線海ノ口〜稲尾間。115系は昭和時代末期に空色で塗られていた旧型国電を置き換えた。民営化後も普通列車の主力として運用され、後継車E127系100番台車が登場してからも2015（平成27）年まで入線していた。◎1990（平成2）年9月29日

【羽越本線】新潟県北部の中核都市新発田。真っ白に雪化粧した構内に115系が入って来た。羽越本線の新津〜村上間は直流電化区間だ。昭和末期に普通列車の電車化が進む中で、115系は地域輸送における主力の座に着いた。◎新発田〜加治　1999（平成11）年2月

【信越線】長野地区で活躍した115系の多くは民営化以降、地域色と呼ばれる独自の塗装に塗り替えられていった。白地にアルパインブルーとリフレッシュグリーン2色の帯を巻く塗装は二代目長野色。◎2015（平成27）年3月7日

【篠ノ井線】田毎の月で知られる篠ノ井線姨捨界隈。棚田の中を行く115系は1998（平成10）年に開催された長野オリンピックを機に施工された新長野色塗装。フォギーグレーにアルパインブルー、リフレッシュグリーンの塗り分けだ。◎姨捨～稲荷山　1997（平成9）年5月

【越後線】越後線は新潟市内で日本最長の河川である信濃川を渡る。新潟〜内野間には区間列車が日中1時間に2本程度設定され、およそ30分毎に列車が行き交う1ダイヤとなる。県庁所在地新潟の近郊路線として機能している様子を窺い知ることができる。◎白山〜新潟　1990（平成2）年10月

【弥彦線】信越本線東三条と弥彦神社の門前町弥彦を結ぶ弥彦線。当路線で運用される115系は、後に弥彦色と呼ばれる専用塗装に塗り替えられた。しかし民営化後からしばらくは新潟支社内の近郊型電車等に共通と塗り分けを施された車両が入線した。◎吉田〜南吉田　1990（平成2）年10月20日

【弥彦線】115系が弥彦山を背景に弥彦線矢作〜吉田間を行く。弥彦〜燕三条間の架線は、吉田周辺を除いて直接吊架式で張られている。弥彦〜東三条間が電化されたのは1984（昭和59）年。膨大な赤字を抱えていた旧国鉄が、工事費用の低減を目的に採用した。◎1990（平成2）年10月20日

【弥彦線】弥彦線用の115系は2両編成。路線専用色としては2度目の塗装をまとった編成だ。黄色と白の塗り分けにライトグリーンの帯が入る。新潟車両センター所属の115系には復刻旧国鉄塗装を含めて多彩な塗色が存在する。◎2014 (平成26)年7月27日

【信越本線】信越本線や白新線等、新潟地区で使用される115系は民営化以降、車体の塗装を数回に亘って変更した。白地に青と水色の帯を巻く塗り分けは三次新潟色。廃車までに全ての車両は塗り替えられず、二次色と三次色が混在する状況が続いた。◎2015 (平成27)年3月13日

【上越線】上越線の運用に就く新潟車両センター所属の115系。制御車と中間電動車2両ずつで組成した4両で一編成を形成している。1基のみ備える集電装置は菱形のパンタグラフ。屋根上の冷房装置は1両に1つずつ搭載した集中式だ。◎2014 (平成26)年8月5日

119系

製造年：1982～1983年
製造数：57両
最高運転速度：100km／h
設計最高速度：100km／h
全長：20,000mm
全幅：2,832mm
全高：3,935mm
車体：鋼製

【飯田線】天竜川の中流域には風光明媚な渓谷天竜峡の眺めが続く。飯田線の天竜峡駅は川の西岸に位置する。停車する119系は、いずれもクリーム10号の地にオレンジ、緑の線を入れた東海色。手狭な構内で上下列車が交換する様子は、かつての地方私鉄時代を彷彿とさせた。◎1999（平成11）年2月

【飯田線】飯田線の起点豊橋。行き止まり式のホームに大海行きの区間列車が停まっていた。旧型国電を一掃した119系は、平成の世となってもしばらくは青22号の原色塗装を維持していた。灰色9号の帯には塩ビ製シートが用いられている。1990（平成2）年7月14日

123系

改造年：1986〜1988年　　設計最高速度：　　　　車体：鋼製
改造数：13両　　　　　　全長：20,000mm
最高運転速度：100km／h　　全高：3,654mm

【身延線】甲府駅構内に停車する123系。通勤型電車101系を改造した事業用車両の145、147系を旅客用に再改造した両運転台車である。身延線では富士〜西富士宮間と、鰍沢口〜甲府間の区間列車として、主に単行で使用された。◎1990（平成2）年4月

【中央本線】閑散路線の電化区間用に荷物電車等を改造した旅客用電車の123系。単行での運転を基本としている。東日本旅客鉄道では1両のみが在籍。中央本線塩尻〜辰野間の旧線区間（辰野支線）で2013（平成25）年まで使用された。◎2011（平成23）年8月6日

313系

製造年：1999〜2014年
製造数：539両
最高運転速度：120km／h　130km／h（8000番台）
設計最高速度：130km／h

全長：20,000mm　20,100mm（先頭車）
全幅：2,978mm　全高：4,020mm
車体：ステンレス（前頭部のみ普通鋼）
主電動機出力：185kW／基

【身延線】身延線甲斐上野〜東塩間で笛吹川を渡る313系。東海旅客鉄道（JR東海）の電化路線全てに運用を持つ近郊型電車の内、当路線で活躍するのは1999（平成11）年から投入された3000番台車だ。2両編成で運用される。車内の大部分はクロスシート仕様だ。◎2000（平成12）年4月24日

【御殿場線】JR東海の標準車313系は多種多様な活躍をしている。東海道本線名古屋口では新快速から普通まで、中央本線では元セントラルライナー用の8500番台も運転されている。身延線。御殿場線用にはセミクロスシートの3000番台が増備された。

201系

製造年：1979年（試作車）　1981〜1985年（量産車）
製造数：1,018両
最高運転速度：100km／h　設計最高速度：110km／h
全長：20,000mm
全幅：2,800mm
全高：4,140mm
車体：普通鋼
主電動機出力：150kW

【中央線】中央本線立川～日野間で多摩川を渡る201系。1981（昭和56）年から量産が開始された旧国鉄末期の新系列車両は、登場時より快速運用に充当された。中央本線の東京口を象徴する色であるオレンジバーミリオンを103系から引き継いだ。◎1993（平成5）年12月10日

【中央本線】快速線と緩行線が並行する複々線区間が続く中央本線中野〜東中野間。201系同士が目の前ですれ違った。武蔵小金井行きの列車は快速使用。オレンジバーミリオンの塗装で、運転席の下部には列車の種別を記したマークを入れる枠が取り付けられている。◎1993（平成5）年2月10日

【青梅線】梅林が沿線を飾る青梅線石神前〜二俣尾間を行く201系。中央総武線の緩行線で運用していた車両を、103系を置き換える目的で投入した。車体の色は黄色5号（カナリア色）から中央本線の快速列車と同じ朱色1号（オレンジバーミリオン）に塗り替わった。◎2004（平成16）年3月16日

【青梅線】奥多摩湖から注ぎだす多摩川は、西多摩郡山中で険しい渓谷をかたちづくりながら蛇行している。青梅線の青梅以西は、川筋をなぞるように奥多摩へ道を進める山岳路線の様相。川井付近にはコンクリート製のアーチ橋が架かる。◎川井駅付近　1991（平3）年1月10日

【武蔵野線】武蔵野線を走る201系は1986（昭和61）年に中央本線から転属され、6両編成で103系とともに活躍し、当初半年間は101系1000番台とも共通運用であった。1996（平成8）年の12月改正時の8連化まで運行された。

【中央総武線】中央本線の快速列車で初登場した201系は、1982（昭和57）年に中央・総武緩行線へ投入された。車体の塗装は黄5号（カナリアイエロー）となり、中央本線との並行区間では異色同形式の競演が見られた。後にE231系が進出し、2001（平成13）年に緩行線の運用から退いた。

【京葉線】京葉線で活躍した青色塗装の201系。蘇我行きの快速運用に就く。中央総武緩行線からの転入組で、試作車の900番台車も含まれていた。京葉線では10両編成で運転され、全車貫通編成と6両、4両に分割できる編成があり、後者は東金線＋外房線運用に使用された。

【青梅線】青梅線沿線のイメージアップを目的に豊田電車区（現・豊田車両センター）で訓練車として使用されていた201系4両編成1本を展望型電車に改造し2001（平成13）年から運転を開始した。愛称は公募から「四季彩」と付けられた。

203系

製造年：1982〜1986年　製造数：17編成170両
最高運転速度：常磐緩行線：90km／h　千代田線：80km／h
設計最高速度：110km／h
全長：20,000mm
全幅：2,800mm
全高：4,086mm
車体：アルミニウム合金
主電動機出力：150kW×4基

【常磐線】常磐線我孫子付近を行く203系。常磐緩行線と帝都高速度交通営団（現・東京地下鉄）千代田線の相互直通運転用に、103系1000番台車の代替車両として製造された。基本設計は先行して登場した「省エネ電車」こと201系を踏襲している。
◎1991（平成3）年3月

205系

製造年：1984〜1994年　製造数：1,461両
設計最高速度：100km／h（一部110km／h,120km／h）
全長：基本20,000mm　先頭車化改造車20,100mm（いずれも連結面間）
全幅：車体基準幅2,800mm　雨樋間最大幅2,870mm

全高：4,086mm　パンタグラフ折りたたみ時4,140mm
車体：ステンレス

【山手線】積雪に見舞われた山手線高田馬場〜新大久保間を行く205系。澄んだ空気は西の空に富士山を浮かび上がらせた。並行する西武新宿線には新101系の姿が見える。共に昭和末期から平成に至るまでの期間、首都圏の通勤輸送を支えた立役者だった。◎1994（平成6）年2月

【山手線】205系が最初に投入された山手線。1984（昭和59）年に0番台量産試作車10両編成4本が登場した。量産が進むと103系に取って代わり、民営化後も山手線で主役の座に就き続けた。汎用電車E231系の登場で、住み慣れた環状路線から他線区へ移った。

【埼京線】平成の最初を飾る1989年から埼京線、川越線で営業運転を始めた205系。登場時には10両編成中の全車が4扉車だった。通勤時間帯等に混雑を極めていた路線の状況に対応すべく、後に6扉車を1、2両連結するようになった。◎2012（平成24）年9月22日

【南武線】南武線で運転していた205系は6両編成17本。内11本には原形の制御車が充てられた。帯の色違いで、山手線時代と表情は異なるものとなった。カナリアイエロー、オレンジバーミリオン、ぶどう色は、南武線で運用された歴代の車両が用いた塗装だ。◎2009（平成21）年8月14日

【南武線】103系の置き換え用として南武線に転入してきた205系。山手線から新製車両E231系に押し出される形で次の職場を同路線に求めた。11両編成を6両に分割したので制御車が不足し、必要な車両は中間車からの改造で補った。◎西府

【南武支線】南武線浜川崎支線の八丁畷付近を行く205系1000番台車。同路線で運転していた101系の置き換え用として2002（平成14）年より投入された。2両編成でワンマン運転に対応している。本線の編成と異なる塗装になっている。

【鶴見線】運河沿いの駅、鶴見線海芝浦支線新芝浦に停車する205系1100番台車。当路線で運転されている電車の内、制御車は全て中間車から改造された車両である。車体には路線色である黄色の他、水色と白の帯を巻く。◎新芝浦駅　2018（平成30）年2月5日

【川越線】埼玉県の南西部に位置する川越市は、都心まで直通する3本の鉄道路線がある交通至便な街だ。川越線には大宮から埼京線の列車が乗り入れる。205系0番台車は1989（平成元）年から2016年まで運転。まさに平成を駆け抜けた電車だった。◎南古谷〜指扇　1998（平成10）年12月18日

【京浜東北線】京浜東北・根岸線の205系は1989（平成元）年京葉線の東京駅開業による103系捻出のため、製造された。その後3年経過の1992（平成4）年には次世代標準車両の901系が試作車として登場し両産型の209系が誕生した。◎川口〜赤羽　1990（平成2）年1月7日

【総武本線】1985（昭和60）年に登場した国鉄初のオールステンレス車の205系通勤型車両は山手線を皮切りに京阪神緩行線に導入後、JR東日本、西日本ともに製造が受け継がれ1990（平成2）年まで各線への投入が続いた。中央総武緩行線では当初2本が三鷹区に入った。

【埼京線】山手線大崎と大宮を新宿、池袋、赤羽経由で結ぶ埼京線。この名称は特定の路線に付けられたものではなく、首都圏における列車の運転系等を指す（池袋～赤羽間は赤羽線）。山手線に属する大崎～池袋間では並行する貨物線を電車が走る。205系は1989（平成元）年から投入された。◎新大久保付近　1991（平成3）年6月

【横浜線】横浜駅に停車する八王子行きは205系。表示器に路線名、行先を掲出している。横浜線はサービス向上を目指し、山手線に次いで本形式が投入された路線だ。1988（昭和63）年から導入され、1年余りで103系を置き換えた。◎2000（平成12）年3月21日

【京葉線】1990（平成2）年3月10日。京葉線東京〜新木場間の開業に伴い、路線内で快速の運転が始まった。快速用に205系10両編成12本が新製投入された。質実剛健な雰囲気の従来車とは大きく異なり、車両の前面は曲線を大胆に取り入れた形状となった。◎2010（平成22）年5月4日

【京葉線】京葉線用の205系には東京〜新木場間の開業に合わせて新製された車両に加え、103系を置き換える目的で他路線から転入したものがあった。山手線、中央総武緩行線から転入した車両は、帯を路線色の赤14号（ワインレッド）に変えて運用に就いた。2011（平成23）年5月4日

【武蔵野線】武蔵野線に新製された205系は0番台。武蔵野線では少数派であり2020年頃までに淘汰されインドネシアに渡ることが決定している。これによりメルヘン顔の205系は東北本線宇都宮地区や日光線で運行している元京葉線600番台のみとなる。

【武蔵野線】府中本町、八王子〜大宮間を中央本線、武蔵野線、東北本線経由で運転する快速「むさしの」。朝夕の運転で、平日と土曜休日で運転本数、時刻が異なる。205系では車両正面上に「むさしの号」の表示が小さく入る。◎2016（平成28）年8月16日

【武蔵野線】武蔵野線東浦和〜東川口間の下山口新田地区は芝川周辺にススキが茂る、市街地に挟まれた緑地帯である。高層マンションを背に、低い築堤を205系がやって来た。◎1993（平成5）年11月26日

【相模線】相模線用の205系は個性的な外観の500番台車。投入当初は豊田電車区(現・豊田車両センター)の所属だった。1996(平成8)年に横浜支社が発足し、相模線が同社の管轄となったために国府津電車区(現・国府津車両センター)へ転属した。◎片倉駅

【八高線・川越線】八高線、川越線用の205系は3000番台車。同路線で運転されていた103系を置き換える目的で2005（平成17）年に投入された。4両編成中、制御車は全て中間車からの改造車である。2018年まで使用された。◎2018（平成30）年5月19日

【相模線】相模原市内の相模線原当麻駅で交換する205系500番台車。相模線の全線電化開業に合わせて新製投入された。相模線電化後初の新車であることを考慮して、正面のデザインは従来車から大胆に変更された。踏切事故対策として排障器（スカート）を備える。◎1991（平成3）年4月23日

【川越線・八高線】川越線は的場〜西川越間で埼玉県中西部を流れる入間川を渡る。4両編成の電車は205系3000番台車。川越線、八高線向けとして2003（平成15）年から2005年にかけて投入された。ドアスイッチと半自動ドアの開閉チャイムを備える。◎1993（平成5）年12月7日

【東北本線】京葉線、埼京線へのE233系投入に伴い、余剰となった205系は東北本線の直流区間北部に転用された。京葉線東京駅開業に合わせて投入された、運転台周りへ曲線を大胆に取り入れた車両が、特徴的な顔立ちのまま運用され始めた。◎2013（平成25）年12月29日

【仙石線】東北地区の直流電化区間である仙石線の運用に就く205系3100番台車。4両編成の中程に収まる電動車2両は、山手線で活躍した車両。制御車の中には、中間車に運転台の取り付け等を施工した改造車が混在する。耐雪ブレーキ等を装備した寒冷地仕様車だ。◎2017（平成29）年6月26日

【日光線】現在の日光線を走る普通列車は205系600番台車。2013(平成25)年より使用されている。4両編成4本が小山車両センターに所属。宇都宮方の制御車にはトイレと車椅子スペースが新たに設置された。◎2015(平成27)年8月12日

【東北本線】東北本線に新天地を求めた205系の中には、埼京線で使われていた車両を始め、昭和50年代に登場した通勤型電車共通の顔立ちをした車両も含まれていた。車体に巻く帯の色は、東北本線の115系から引き継ぐ湘南色に変更された。◎2014(平成26)年5月25日

207系

製造年：1986年　製造数：1編成10両
最高運転速度：90km／h（常磐緩行線）
　　　　　　　80km／h（千代田線）
設計最高速度：100km／h
全長：20,000mm　全幅：2,800mm
全高：4,140mm
車体：ステンレス製
主電動機出力：150kW×4基

【常磐線】地下鉄千代田線に乗り入れる207系は常磐緩行線のレア形式で2009（平成21）年にひっそりと引退した。なお、JR西日本にも207系が存在しているが外観、性能とも大きく異なる。

【常磐線】10両編成1本のみが製造された207系。1986（昭和61）年に旧国鉄初のVVVFインバータ制御電車として試作した。以降、国鉄時代に同仕様の車両は生まれなかった。常磐緩行線に投入され、2009（平成21）年まで営業運転に就き2010年に廃車された。◎2005（平成17）年3月21日

209系

製造年：1986年　製造数：1編成10両
最高運転速度：90km／h（常磐緩行線）
　　　　　　　80km／h（千代田線）
設計最高速度：100km／h

全長：20,000mm　全幅：2,800mm
全高：4,140mm
車体：ステンレス製
主電動機出力：150kW×4基

【京浜東北線】京浜東北線で新性能化の立役者となった209系。1993（平成5）年から投入された0番台量産車は運転室のマスターコントローラーに左手操作のワンハンドル式を採用。操作性の良さから運転士の疲労軽減に一役買った。◎2009（平成21）年8月22日

【京浜東北線】京浜東北線の209系には0番台車に混じって500番台車も使用されていた。老朽化した103系の置き換えが急がれる中で、後にE231系となる209系950番台車が完成するまでの繋ぎ役として製造された車両だ。先頭形状等はE231系0番台車と酷似している。◎2009（平成21）年4月16日

【京浜東北線】横浜駅に停車する電車は209系。旧国鉄より継承し、老朽化が目立ち始めた103系等を置き換える目的で1993（平成5）年から製造された。従来からの製造、整備方法等を全面的に見直したバリューエンジニアリングの手法が採用された車両だ。◎2000（平成12）年3月

【中央総武線】中央総武緩行線へ1998（平成10）年末から103系の代替車両として投入された。前面のFRP製カバーを白く塗装して、209系950番台車との識別を容易にしている。JR東日本新津製作所が、設計から製造まで一貫して手掛けた最初の車両だった。◎2016（平成28）年2月28日

【総武本線】総武本線本八幡付近で103系とすれ違う209系500番台車。103系の置き換え用として1998（平成10）年から投入された。当時、同路線ではE231系に相当する新系列車両の導入が予定されていた。しかし103系の老朽化が深刻化する中で繋ぎ役として本形式が製造された。◎1999（平成11）年2月

【南武線】南武線の209系は1993（平成5）年に新製投入された。その後増備や京浜東北線からの転用などを経て2017（平成29）年まで活躍し、後継のE233系に世代交代をした。離脱した209系はサイクルトレイン「B.B.BASE」として改造され、房総地区で運行している。

【八高線・川越線】八高線で主力となりつつある209系3500番台車。中央総武緩行線で使用していた209系500番台車に4両編成化等の改造を施し、2018（平成30）年より投入した。ウグイス色と橙色の帯を巻く。◎2018（平成30）年11月30日

【八高線・川越線】八高線の電化時から投入された209系3000番台は半自動ドア付きが特徴である。近年、中央総武緩行線からE231系3000番台及び209系3500番台が転用改造されており、近い将来淘汰される予定である。◎2017（平成29）年7月7日

【八高線・川越線】八高線、川越線で運用される209系3100番台車。車両不足を補うべく、東日本旅客鉄道が東京臨海高速鉄道から編成の組み換えで余剰となった70-000形を購入して改造した車両だ。70-000形の基本構成は209系と同様である。◎2018（平成30）年11月30日

【総武本線】京浜東北線等で使用していた10両編成の0番台車を4両、または6両編成に組み直した209系2000、2100番台車。千葉支社管内に投入され、国鉄形電車の113系、211系を置き換えた。211系と同様の青と黄色の帯を巻く。◎2019（平成31）年1月3日

【総武本線】週末に両国駅より千葉県房総地方へ運転される団体列車「サイクルトレイン」。専用車両として大型テーブルがあるボックス席と自転車を搭載するラックを備える209系2200番台車の6両編成が充当されている。◎2018（平成30）年1月21日

【中央本線】東京メトロ千代田線との相互直通運転を行う常磐緩行線で活躍してきた209系1000番台車は、2018（平成30）年をもって同路線から撤退。以降、2編成が大宮総合車両センターで改造工事を受け、2019年3月より中央快速線の運用に就いた。◎2018（平成30）年10月28日

【常磐線】制御車の正面に貫通扉を備えた209系1000番台車は、常磐緩行線と帝都高速度交通営団（現・東京地下鉄）千代田線との直通運転増便に伴い1999（平成11）年より投入。2018年に常磐線の仕業から退き、翌年から中央快速線に活躍の場を移した。

【武蔵野線】武蔵野線で運用に就く209系500番台車。車体は同系の950番台車に準じ、従来車よりも150ミリメートル広い2,950ミリメートルの拡幅車体を採用している。950番台車にあった6扉車は設定されず、全車4扉車である。◎2018（平成30）年10月24日

【京葉線】京葉線の路線色である赤14号（ワインレッド）の帯を巻く209系500番台車。京浜東北線、根岸線にE233系1000番台車が投入され、同路線で使用されていた209系の内、4本が京葉線用として京葉車両センターへ転属した。2010（平成22）年2月24日

211系

製造年：1985〜1991年　製造数：
最高運転速度：110km／h（製造時）
120km／h（高速化改造車およびスーパーサルーン「ゆめじ」）

【東海道本線】東海道本線で快速列車の運用に就く211系。編成の中程にグリーン車2両を組み込んだ堂々たる姿だ。長きに亘って製造されてきた113系の次世代電車として1985（昭和60）年に登場。旧国鉄の民営化後も、1991（平成3）年まで製造が続いた。
◎湯河原〜真鶴　1990（平成2）年5月

【両毛線】両毛線を行く211系。新前橋電車区（現・高崎車両センター）所属の短編成仕様である。先頭の電動制御車のみ、屋上にシングルアーム形状の集電装置を装備する。スカート下部に鋼製の部品を追加して、排障器としての機能を高めている。
◎2017（平成29）年10月7日

【成田線】成田線の列車として千葉駅の9番のりばに停車する211系。千葉地区で使用されていた113系を置き換えるために幕張車両センターへ転属してきた。後に一部車両が長野地区へ転出し、千葉での活躍は短期間に終わった。◎2008（平成20）年9月4日

【中央本線】冠雪した八ヶ岳を背景に中央本線小淵沢〜長坂間を行く211系の6両編成。2013（平成25）年より甲府、長野地区へ投入された。車体にアルパインブルーとリフレッシュグリーン２色の帯を巻く。集電装置はシングルアームを装備する。◎2017（平成29）年4月23日

215系

製造年：1992〜1993年
製造数：4編成40両
最高運転速度：120km／h
設計最高速度：120km／h
全長：20,000mm（クモハ、モハ、サハ）
　　　20,500mm（サロ）
全幅：2,900mm
全高：4,070mm
車体：ステンレス
主電動機出力：120kW

【東海道本線】二階建て電車の215系。10両編成中、制御車のクモハ215が高床仕様の車内である他は、全ての車両が車内に2階建て部分を備える。遠距離利用客の着席数を増やすことを主眼において設計された。現在は平日の通勤ライナーを中心に運転している。◎2016 (平成28) 年5月2日

E217系

製造年：1994〜1999年　全長：連結面間距離　一般車20,000mm　グリーン車　20,500mm
製造数：745両　全幅：2,950mm
最高運転速度：120km／h　全高：4,070mm　パンタグラフ折畳時4,135mm
設計最高速度：120km／h　車体：ステンレス　主電動機出力：95kW

【総武本線】横須賀線の久里浜と成田線成田空港等を結ぶ快速、通勤快速は、東京〜錦糸町〜佐倉間で総武本線を経由する。E217系は1994（平成6）年に登場した直流近郊型電車。個性的な運転台周りを含む車体形状の設計は、GKインダストリアルデザイン研究所が手掛けた。◎本八幡〜下総中山　1999（平成11）年2月

【鹿島線】水郷地帯である鹿島線の沿線には水田が多い。早くも穂を伸ばし始めた水稲を車窓に見てE217系が青空の下を行く。空港と首都圏の連絡輸送等に用いられる同車両で、鹿島線に入線するのは4両の付属編成のみである。◎延方〜鹿島神宮　2000（平成12）年7月

【東海道本線】東海道本線川崎〜横浜間を行くE217系。湘南色の帯を巻く。2004（平成16）年混雑時間帯に湘南新宿ラインの増発が行なわれ、横須賀線の運転本数が減少。余剰が生じたE217系の内、15両編成3本が2006年より、東海道本線、伊東線で運月されるようになった。◎2014（平成26）年10月12日

E127系

製造年：1995〜1998年　全長：20,000mm　車体：ステンレス
最高運転速度：110km／h　全幅：2,800mm　主電動機出力：120kW×4
設計最高速度：　　　　　全高：4,090mm

【大糸線】大糸線で運用されるE127系100番台車。運転台周りの形状を始め、信越本線等向けとして先に登場した0番台車とは異なる部分が多く見られる。車内の座席配置は東側がロングシート、西側がクロスシートの大糸線仕様である。◎2016（平成28）年1月26日

【信越本線】新潟地区で115系に替わる新型車両として登場したE127系。グラスグリーンの帯が窓下の他、雨樋の下部と裾部分に入る。画像の列車は先頭車貫通扉部分の幌が外され、通常の車両と印象が異なる表情になっている。◎2013 (平成25) 年5月5日

【羽越本線】米坂線の分岐駅、坂町駅に入線するE127系。165系等の旧国鉄型車両を置き換えるために1995 (平成7) 年から1998年にかけて製造された平成世代の車両だ。車体はステンレス製で車内はロングシートを採用している。◎1999 (平成11) 年2月

E129系

製造年：2014年
製造数：168両（2018年時点）
最高運転速度：110km／h
設計最高速度：120km／h
全長：20,000mm
全幅：2,966mm
全高：3,985mm
車体：軽量ステンレス（sustina）
主電動機出力：140kW

【越後線】新潟地区を走る電車の老朽取替を目的として登場した新型車両のE129系。仙台地区に投入されたE721系と同等に短編成での運用に備えたほか、耐寒、耐雪構造となっている。現在は信越本線、羽越本線、白新線、越後線などで運行されている。

【越後線】E129系は車体が全長20mの3扉で、E233系をベースにしたステンレス製の車両である。黄金イエローと朱鷺ピンクのラインが入るが、イエローは稲穂を、ピンクは佐渡のトキの体色をイメージした。

E231系

製造年：1998年（209系950番台）
　　　　2000～2011年（量産車）
製造数：2,736両　最高運転速度：120km／h
全長：20,000mm

全幅：2,950mm
全高：3,980mm
車体：ステンレス
主電動機出力：95kW／基

【山手線】民営化後に東日本地域の通勤型、近郊型電車の近代化を図る旗手として登場したE231系。山手線には500番台車が2002（平成14）年から投入された。正面は白地を基調としたものになり、前照灯と尾灯の配置が0番台車の仕様と入れ替わった。◎秋葉原

【常磐線】常磐線松戸付近のE231系。2002（平成14）年より営業運転を始めた。常磐線に投入された全ての編成はJR東日本新津車輌製作所製。常磐線の路線色である青緑1号（エメラルドグリーン）と黄緑6号（ウグイス色）の帯を巻く。ウグイス色の帯は投入直前に追加された。◎松戸

【中央総武線】E231系の最初のグループの車両。2017年から他路線（武蔵野線や八高・川越線）への転用が本格的に始まった。中央総武緩行線には山手線からの転用車が続々と数を増やしている。◎2016（平成28）年12月22日

【中央総武線】山手線で使用されてきたE231系500番台車の一部はE235系の量産化に伴い、中央総武緩行線への転用が進められている。編成両数は山手線時代から1両減らした10両。車体の帯は同路線を象徴するカナリアイエローに変更された。◎2016（平成28）年2月28日

【中央総武線】中央総武緩行線から東京メトロ東西線へ直通運転する電車として、従来車を置き換えたE231系800番台車。2003（平成15）年から営業運転を始めた。10両編成7本が三鷹車両センターに配置されている。◎2016（平成28）年7月7日

【湘南新宿ライン】湘南新宿ラインとは新宿駅を経由して東北本線と横須賀線、高崎線と東海道本線を相互直通運転する列車の運転系等を指す。E231系は直通運転が始まった2001（平成13）年から運用に就く。首都圏周辺路線への乗り入れを考慮し、近郊タイプの車両を充当している。◎2016（平成28）年3月6日

【武蔵野線】平成の汎用電車E231系は2017（平成29）年に武蔵野線で運用を始めた。中央総武緩行線で使われていた車両を8両編成に短縮して投入。車体正面にオレンジ色の帯が入る。側面には茶色い帯が追加されている。◎2018（平成30）年11月26日

【八高線・川越線】中央総武緩行線で使用されてきたE231系は八高線、川越線の205系を置き換える目的で2017（平成29）年から投入された。編成は4両となり、客室内にドア開閉ボタンが設置された。改造により番台区分は3000となった。◎2018（平成30）年11月30日

E233系

製造年：2006年　製造数：3,215両　全幅：2,950mm　2,790mm（2000番台）
設計最高速度：120km／h　全高：3,980mm
全長：20,000mm　車体：ステンレス
主電動機出力：かご形三相誘導電動機MT75形（140kW／基）

【中央本線】中央本線の快速列車で活躍するE233系。「故障に強い車両」「人に優しい車両」「情報案内、車両性能の向上」「車体強度の向上」を基本概念に掲げ、従来の近郊型、通勤型車両よりもゆとりのある設計となった。◎2017（平成29）年4月15日

【根岸線】京浜東北線、根岸線の路線色である青24号（スカイブルー）の帯を巻いたE233系1000番台車。2007年から2010年にかけて10両編成83本が製造された。現在の当線で唯一無二の存在となっている。◎山手

【常磐線】通勤形電車の標準形として増備を続けてきたE233系。東京メトロ千代田線、小田急小田原線との相互直通運転を行っている常磐緩行線には、台形断面車体を採用した2000番台車が投入された。ステンレス車体に常磐線伝統の青緑1号(エメラルドグリーン)の帯を巻く。◎喜多見付近　2017(平成29)年4月18日

【京葉線】京葉線の主力車両E233系5000番台車。2010(平成22)年より投入された。現在では内房線、外房線、東金線にまで運用を伸ばし、千葉県内の路線で勢力を拡大している。10両貫通編成の他、分割併合運転に対応する6両+4両の編成がある。◎2010(平成22)年7月15日

【埼京線】埼京線、川越線と東京臨海高速鉄道りんかい線の直通運転用として製造されたE233系7000番台車。拡幅車体構造の採用で先代の205系よりも定員が増えたことが一因となり、本形式での6扉車は計画されなかった。◎2016（平成28）年3月10日

【横浜線】横浜線用のE233系6000番台車。2014（平成26）年2月から営業運転を始めた。ロゴマークは先頭車および各車両の側面に貼られている。横浜線の路線色グリーンを基調に「YOKOHAMA LINE」の文字。さらに横浜市、町田市、相模原市の花であるケヤキの葉がデザイン化されている。◎2014（平成26）年3月10日

【南武線】東日本旅客鉄道で一大勢力となった通勤型電車のE233系8000番台。2017 (平成29) 年より、南武線で浜川崎支線を除く全列車を担当している。制御車の乗務員扉横と車体に巻く帯上に、同路線が結ぶ街等をイメージしたロゴが入る。◎2015 (平成27) 年4月18日

【湘南新宿ライン】2006 (平成18) 年に登場して以来、多くの幹線系路線に投入されたE233系。東日本旅客鉄道の電車で一大勢力を築くまでに増備された。湘南新宿ラインの運用に就く車両は、営業最高速度が同系列車で最高の時速120キロメートルを誇る3000番台車だ。◎2016 (平成28) 年8月14日

E235系

製造年：2015年～
製造数：50編成550両（E231系編入車含む）
最高運転速度：120km／h
設計最高速度：120km／h

全長：20,000mm　全幅：2,950mm
全高：3,620mm
車体：軽量ステンレス（sustina（サハE235形4600番台を除く））
主電動機出力：140kW（1時間定格）×4

【山手線】山手線の最新車両はE235系。スマートフォンの画面を連想させる正面の形状は、いかにも情報社会の現在を象徴しているかのように映る。2020年春頃までに、製造を計画している11両編成50本が出揃う予定だ。◎2016（平成28）年3月22日
なお、次の投入線区は横須賀線、総武快速線に決定している。

【山手線】側面の扉部分には縦方向のラインが入っている。

E331系

製造年：2006年
製造数：14両1編成
最高運転速度：100km／h
設計最高速度：120km／h

全長：16,500mm（1・7・8・14号車）　13,400mm（その他）
全幅：2,989mm　全高：
車体：ステンレス
主電動機出力：160kW／基

【京葉線】旧国鉄、東日本旅客鉄道が所有する初の14両連接車だったE331系。2007年より営業運転に投入されたが、運用を外れる期間が長く7年間の在籍期間中に稼働していた時期は約4年間に過ぎなかった。試作車としても短命に終わった電車だった。
◎2009（平成21）年4月4日

【山手線】前面は一枚窓のデザインで、前灯・尾灯にLEDが採用された。

415系

製造年：1971〜1991年
最高運転速度：100km／h
全長：20,000mm

全幅：鋼製車：2,900mm　ステンレス車：2,950mm
全高：鋼製車：3,654mm　ステンレス車：3,670mm
車体：普通鋼製　ステンレス鋼製（1500番台）
主電動機出力：120kW

【常磐線】常磐線の交流直流区間を直通運転していた近郊型電車の415系。旧国鉄型車両を連想させる、鋼製車体を持つ車両は2007（平成19）年まで運用された。旧国鉄時代には急行「ときわ」へ充当された実績を持つ。◎2006（平成18）年7月22日

【常磐線】常磐線の起点は日暮里だが、上野まで専用の線路が続く。並行する東北本線を走る211系と似た顔を持つ415系は1500番台車。旧国鉄が分割民営化される直前の1986（昭和61）年から製造された軽量ステンレス車体を持つ車両だ。
◎1991（平成3）年4月

【水戸線】水戸線は東北本線の小山と常磐線の友部を結ぶ北関東東部の横断路線だ。1967（昭和42）年に全線が直流で電化された。1982年に全ての列車が電車化されてからは403系、415系等の交直流両用の近郊型電車が主力となった。◎稲田～福原 1991（平成3）年4月6日

【水戸線】1971（昭和46）年から20年間に亘って製造された交直両用近郊型電車の415系。1986（昭和61）年から製造された1500番台車は大きく変わった外観の他、台車や機器類等が改良された。車内座席はトイレ部分と向かい合う所を除いてロングシートとなった。◎小山駅

【常磐線】桜花が沿線を彩る常磐線内郷〜平(現・いわき)間を交直流両用の近郊型電車が走る。常磐線は取手〜藤代間で電化方式が直流から交流に転換する。そのため、旧国鉄時代より両方の電化方式に対応する車両が充当されてきた。1990(平成2)年4月

【常磐線】常磐線の上野口は複線区間。北千住〜南千住間を交直流両用近郊型電車の415系が行く。先頭の車両はクハ415 1901号車。同形式唯一の二階建て車両である。定員は156名で、主に朝夕の混雑する時間帯を外して運用された。◎1991(平成3)年5月

【水戸線】水戸線の起点付近、小山〜小田林間を行く415系。ステンレス製車体の1500番台車だ。当路線の列車は日中、小山〜友部間で運転されるものが多い。朝夕の時間帯に常磐線の水戸や車両基地が隣接する勝田まで乗り入れる運用がある。◎1991（平成3）年4月14日

417系

製造年：1978年
製造数：5編成15両
最高運転速度：100km／h

全長：20,000mm　全幅：2,900mm
全高：3,654mm
車体：鋼製
主電動機出力：

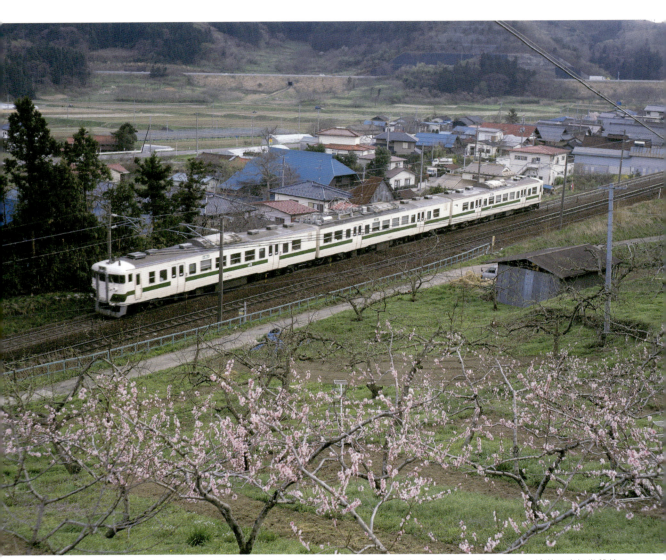

【東北本線】1978（昭和53）年に国鉄が設計・製造した417系交直流近郊型電車は仙台地区に投入された。塗装は当初常磐線の415系中電と同じローズピンクであったが、1990（平成2）年頃ら東北地域色と呼ばれるアイボリー地に緑の帯を巻く塗装に変更された。◎1999（平成11）年4月20日

【東北本線】春がまだ遠い時期の風景。本宮〜杉田間を417系の電車が駆け抜ける。本車両は交直流両用電車であったが黒磯〜一関間で運用され、直流区間に出ることはなかった。◎1991 (平成3) 年3月17日

715系

改造年：1984〜1985年
改造数：108両
最高運転速度：100km／h

全長：21,000mm（クハネ581形改造車）、20,500mm
全幅：2,950mm
全高：4,245mm（クハネ581形改造車）、4,235mm
車体：普通鋼　主電動機出力：120KW

【東北本線】東北本線仙台地区の輸送改善実施のため1985(昭和60)年3月のダイヤ改正時からローカル列車としてデビューした715系は当時余剰が生じていた寝台電車が転活用されたものである。前年には既に長崎・佐世保線で運用されていた。

717系

製造年：1986〜1995年　　全長：20,000mm　全幅：2,950mm
製造数：46両　　　　　　全高：4,088mm
最高運転速度：110km／h　車体：鋼製
設計最高速度：130km／h　主電動機出力：120kW

【常磐線】線路の両側に水田が広がる常磐線相馬〜日立木間。仙台支社色の717系が軽快な駆動音を響かせながら駆けて行った。首都圏では複々線上を列車が頻繁に行き交う常磐線も福島県下では単線となり、長閑な雰囲気が漂う。◎1998（平成10）年12月

【常磐線】岩沼駅では東北本線から常磐線が分岐する。常磐線は分岐から2キロメートルほど進むと、南東北の大河阿武隈川を渡る。常磐線北部の普通列車は、東北本線の仙台を起点終点として原ノ町、いわきまで運転していた。◎岩沼〜逢隈　1998（平成10）年12月

【東北本線】交流近郊型電車の717系は、451系や457系等の急行型電車を改造して生まれた車両である。抑速ブレーキを装備してないため、仙台地区では主に東北本線、常磐線の平坦区間で使用された。クリーム10号の地に緑14号の帯を巻く。
◎2007（平成19）年5月28日

169系

製造年：1963～1972年
製造数：110両
最高運転速度：110km／h
設計最高速度：130km／h

全長：20,000mm　全幅：2,903mm
全高：4,090mm
車体：普通鋼
主電動機出力：120kW

【長野地区】急行「かもしか」用の169系は白と緑の専用色塗装だった。1988（昭和63）年に「かもしか」は廃止された。同車は代替列車となった快速「みすず」で引き続き使用され、飯田線等では普通列車の運用も受け持った。

【長野地区】快速「みすず」として運用された169系電車。クリーム10号をベースに、長野支社の「N」を緑色で描いていた。

455系

製造年：1965～1968年
最高運転速度：110km／h
設計最高速度：130km／h

全長：20,500mm（制御車） 20,000mm（中間車）
全幅：2,950mm　全高：4,090mm
車体：普通鋼
主電動機出力：120kW

【常磐線】常磐線岩沼～逢熊間では鉄道として、福島、宮城県下を蛇行する長大な阿武隈川の最も河口に近い場所を渡る。岩沼方では日本製紙の工場に建つ煙突から煙がなびいていた。地域色に塗られて急行時代と雰囲気を変えた455系が橋を渡る。
◎1998（平成10）年12月

【奥羽本線】455系の6両編成が晩夏の山形盆地を行く。元急行用の車両は塗色変更され、グリーン車等の姿はないものの長編成が良く似合う。電動制御車と電動車、制御車の3両で、編成を形成する一つの単位となっていた。◎山形〜蔵王　1991（平成3）年8月

【磐越西線】磐越西線電化区間を行く455系の快速「ばんだい」。表示幕に赤色で快速の文字が入る。先頭車は半室グリーン車に改造されたクロハ455 1。車体は仙台支社の地域色で塗装されている。前照灯周りの改造で車両の表情は原形と大きく異なった。◎1992(平成4)年11月　猪苗代〜川桁

【仙台地区】左の455系と右の715系はともにローカル運用を担った。715系は当時583系寝台電車に余剰が発生していたため近郊型電車に転用改造された車両。

【磐越西線】駅構内がスイッチバック形状となっていた磐越西線中山宿に停車する455系。元急行用車両は、同路線で快速、普通列車の運用に就いた。当駅の乗降施設は1997（平成9）年に会津若松方の本線上へ移設され、スイッチバックは解消された。◎1992（平成4）年11月

E501系

製造年：1995～1997年
製造数：60両
最高運転速度：120km／h
設計最高速度：120km／h

全長：制御車20,420mm　中間車20,000㎜
全幅：2,800mm　全高：3,690mm
車体：ステンレス
主電動機出力：120kW

【常磐線】交直両用の通勤型電車E501系。常磐線の交流電化区間では初の4扉車だった。10両貫通の基本編成が常磐線土浦～草野間。5両の付属編成が常磐線土浦～いわき間と水戸線水戸～小山間で運用された。
◎2015（平成27）年3月18日

【常磐線】交直流電車初の通勤型。かつては上野口へ15両編成で運転されていたが、E531系の台頭でローカル運用へと活躍の場を移した。

E531系

【常磐線】常磐線の快速列車を担当するE531系。上野東京ライン開業後は品川〜上野〜富岡間で運用される。2005(平成17)年に営業運転を始めた。2007年に編成の中程に2階建てグリーン車サロE530、531を連結し、幹線の快速列車に相応しいいで立ちとなった。◎2016(平成28)年2月11日

【常磐線】常磐線や水戸線で活躍する近郊型交直流電車であり、東海道本線の品川まで乗り入れる。2017(平成29)年から東北本線の黒磯〜新白河間でも3000番台限定で運用が始まった。

701系

製造年：1993〜2001年
最高運転速度：110km/h
設計最高速度：120km/h

全長： 20,000mm　全幅：2,800mm
全高： 3,620mm
車体：ステンレス
主電動機出力：

【東北本線】仙台地区で東北本線の普通列車に使用されていた715系は寝台電車581、583系からの改造車で、民営化後は老朽化や使い勝手の悪さが問題視されていた。それらの車両を置き換えるべく投入された車両が701系である。基本編成は2両と4両の2種類が用意された。

【東北本線】客車で運転していた列車を電車化するために、東北本線の盛岡地区へ701系を1994（平成6）年から投入した。車体に青紫濃淡2色の帯を巻く地域仕様。盛岡客車区（現・盛岡車両センター）に配置された。◎2016（平成28）年6月24日

【奥羽本線】平成時代に入って東北地区の電化路線で広く使用されている701系。奥羽本線で標準軌間の山形新幹線が走る区間の普通列車を担当する車両は5500番台車。沿線の駅ホームは新幹線用に嵩上げされているので、扉下のステップは省かれている。
◎2014（平成26）年3月8日

【田沢湖線】雪晴れの田沢湖線春木場を発車する701系5000番台車。新幹線の軌間に合わせた広軌仕様である。盛岡〜赤渕間の区間列車運用に就く。2両の短編成だがワンマン運転ではなく、列車の後方では車掌が出発の確認を行っていた。◎2017（平成29）年12月21日

【羽越本線】羽越本線の羽後本荘駅は第三セクター鉄道由利高原鉄道鳥海山ろく線の起点でもある。同路線は旧国鉄矢島線であり、列車はJR線に隣接する4番のりばに発着する。隣の3番のりばは、主に当駅始発のJR列車が使用する。
©1999(平成11)年2月

【奥羽本線】山形新幹線と同じ線路を走るため、標準機軌の台車を履いている山形線（奥羽本線の福島〜新庄間の在来線としての愛称）。の701系は5500番台である。山形〜北山形間の山形城の桜を横目に快走する。◎2002（平成14）年4月

719系

製造年：1989〜1991年
製造数：54編成108両
最高運転速度：110km/h

全長：20,000mm　全幅：2,966mm
全高：4,086mm
車体：ステンレス
主電動機出力：

【東北本線】昭和末期における東北本線仙台地区の普通列車は、かつての急行型電車等で運転されていた。しかし、全席クロスシートとなった車内設備等、通勤・通学列車等にそぐわない仕様であった。そうした従来車を置き換えるために登場したのが、3扉車の719系だった。◎2015（平成27）年4月15日

【磐越西線】ステンレスの車体に赤い帯を巻く磐越西線用の719系。路線内では快速、普通の運用を受け持つ。そのため、誤って停車すべき駅を通過するような事態の予防策として、運転士に注意を促す停車駅通過防止装置を備える。◎2015（平成27）年6月4日

【奥羽本線】米沢駅を発車して板谷峠に至る山間部へ向かう福島行きの上り列車。市街地の眺めと同様に列車の屋根は雪で白くなっている。新幹線路線となって以降、福島〜米沢間の普通列車は1日6往復となり、日中に列車を見掛ける機会は稀になった。◎米沢〜関根　1999（平成11）年2月21日

【奥羽本線】大小屋地区の山間部を行く快速「かもしか」。夏の繁忙期に福島〜山形間に設定された臨時列車だった。719系は民営化後に登場した交流専用の近郊型電車で、車体の基本構造等は旧国鉄時代に設計された211系を踏襲している。◎大沢〜関根　1991（平成3）年8月

E721系

製造年：2006年〜
製造数：6両（SAT721形）
最高運転速度：110km／h
設計最高速度：120km／h

全長：20,000mm　全幅：2,950mm
全高：3,550mm
車体：ステンレス
主電動機出力：125kW／基

【東北本線】東北本線仙台地区の最新型電車はE721系。従来の電車に採用されていたステップを廃した低床構造になっている。前面のデザインは701系等と異なる個性的なもの。斬新さと共に利用者に親しみやすさを感じさせるかたちを目指した。(右)1000番台(左)0番台◎郡山駅　2017(平成29)年8月13日

711系

製造年：1967〜1980年
製造数：114両
最高運転速度：110km／h

車体：鋼製
主電動機出力：150kW

【函館本線】日本海に面した函館本線小樽築港〜朝里間を行く3両編成の711系。両端部の制御車は車体の中程に乗降扉を追加した改造車だ。中央扉部分にはデッキが設置され、客室との仕切り部分に両開き式の扉を備えていた。◎1991（平成3）年8月25日

【函館本線】張碓〜銭函間を走る711系は北海道初の国電としてデビューした。試作編成の落成は1967（昭和42）年であり量産車を加え、翌年8月の小樽〜滝川間の電化完成とともに営業運転を開始している。◎1991（平成3）年8月

721系

製造年：1988〜2003年
製造数：135両
最高運転速度：120km／h

設計最高速度：120km／h（F-14編成まで）130km／h
車体：ステンレス

【函館本線】交流区間を象徴する色だった赤い電車、赤い客車に代わって函館本線に台頭してきた721系。無塗装の車体に薄緑色の帯を巻いた姿は、爽やかな北海道の自然を彷彿とさせる。◎張唯〜銭函　1991（平成3）年8月

【千歳線】民営化直後の1988 (昭和63) 年から北海道旅客鉄道 (JR北海道) が電化路線へ投入した721系。普通列車の他、千歳空港と札幌を結ぶ空港連絡列車の快速「エアポート」等にも充当される。快速運用を受け持つ編成は、1+1の座席配列を備えるuシート車を組み込む。◎新札幌駅 2015 (平成27) 年8月10日

【千歳線】札幌近郊の電化路線では、昭和末期に入ると急行から普通列車まで幅広く使われてきた711系に代わる新系列車が必要となった。721系は分割民営化から間もない北海道旅客鉄道が1988年 (昭和63) から製造した交流近郊型電車だった。◎北広島〜島松 1991 (平成3) 年8月29日

【函館本線】海岸線を滑らかに走る721系電車。1988（昭和63）年登場時から函館本線、千歳線など札幌近郊で活躍している。

731系

製造年：1996〜2006年
製造数：21編成63両
最高運転速度：120km／h
設計最高速度：130km／h

全長：20,800mm　全幅：2,800mm
全高：3,620mm
車体：ステンレス
主電動機出力：230kW

【函館本線】北海道旅客鉄道初の通勤型電車731系。全座席のロングシート化。デッキ等、客室仕切りの廃止等、設計に当たっては従来の北海道向け車両とは異なる仕様が盛り込まれた。同時期に製造された気動車のキハ201系とは併結運転が可能だ。◎2012（平成24）年5月20日

【函館本線】721系(右)と並ぶ気動車と協調運転が可能な731系。札幌近郊の函館本線。千歳線、学園都市線で運行されている。

733系

製造年：2012年〜　製造数：
最高運転速度：120km／h　設計最高速度：130km／h
全長：21,670mm（Tc1・Tc2）　21,300mm（M）
全幅：2,915.3mm
全高：4,045mm（Tc1・Tc2）
　　　4,260mm（M・パンタ折り畳み高さ）
車体：軽量ステンレス（efACE）
主電動機出力：230kW（電圧1,100V・1時間定格）

【千歳線】JR北海道における通勤型電車の新鋭は733系。普通列車に使用される基本番台車。快速「エアポート」の運用に就く6両編成の3000番台車。「はこだてライナー」等、函館口で使用される1000番台車と用途により番台が区分されている。◎島松〜北広島　2018（平成30）年8月

【函館本線】JR北海道における通勤型の車両として開発された733系は3種のタイプがある。3両編成の100番台に続き6両編成の3000番台が、さらに新幹線アクセス列車「はこだてライナー」用のパープルのラインカラーが特徴の1000番台が2015（平成27）年に登場した。

735系

製造年：2010年
製造数：2編成6両
最高運転速度：120km／h
設計最高速度：130km／h
車体：アルミニウム合金（前頭部のみ普通鋼）
主電動機出力：230kW

【函館本線】札幌周辺の電化区間で運用されている735系。車体には軽量化、製造費の削減等が見込まれる、アルミニウム合金押出型材を使用したダブルスキン構造の鋼体を用いている。北海道旅客鉄道（JR北海道）が極寒地で適応性を確認するために試作した。◎岩見沢駅　2016（平成28）年9月10日

【函館本線】アルミ車体で登場した735系は少数派の車両。733系と似ているが側面にラインがなく、車体幅が狭いのが特徴。

EV-E301系

製造年：2014年〜
最高運転速度：100km／h
設計最高速度：100km／h
全長：20,000mm　全幅：2,800mm
全高：3,620mm
車体：ステンレス
主電動機出力：95kW

【烏山線】ディーゼルカーの環境負荷減少を目的に開発された蓄電池駆動電車のEV-E301系はアキュムの愛称を持つ。車体は軽量ステンレス製で緑のストライプが入る。現在小山車両センターに配置され東北本線宇都宮〜烏山線烏山間で運行されている。

EV-E801系

製造年：2016年
製造数：1編成2両
最高運転速度：110km／h
設計最高速度：120km／h
全長：20,000mm　全幅：2,950mm
全高：3,680mm　3,980mm（パンタグラフ付車両）
車体：アルミニウム合金（A-train）
主電動機出力：95kW×4

【男鹿線】電化区間と非電化区間が混在する路線、区間で運用に就く車両として、蓄電池駆動電車が考案された。奥羽本線、男鹿線経由で秋田〜男鹿間を運転する列車の一部は、蓄電池を意味する「ACCUM」（アキュム）の愛称を持つEVE-801系で運転する。©2017（平成29）年4月8日

2章
気動車

◎陸羽西線、余目〜南野1991（平成3）年5月

キハ20系／キハ52

製造年：1957～1966年　製造数：1,126両
最高運転速度：95km／h　設計最高速度：
全長：20,000mm　21,300mm（キハ52）
全幅：2,928mm　全高：2,803mm　車体：普通鋼
主電動機出力：

【室蘭本線】室蘭本線の電化区間。竹浦駅にキハ22と40の2両編成がやって来た。室蘭本線を行き交う列車には長万部等、非電化区間の駅を始発終点として苫小牧方面とを結ぶ列車が設定されている。気動車列車が架線の下まで乗り入れる運用だ。◎1999（平成11）年8月

【江差線】江差線が木古内から日本海沿岸の江差へ向かう際に山越え区間となっていた吉堀～神明間。民営化後も普通列車運用に就くキハ22の姿を見ることができた。車体の塗装は白地に青と緑の帯を巻く北海道色。一見、民鉄の車両と見紛う程に印象が変わった。◎1999（平成11）年10月

【東北本線】段差が付いた上下線が並行する東北本線(現・IGRいわて銀河鉄道)滝沢〜厨川間をキハ52が一両で走る。花輪線の起点は好摩だが、路線内で運転される列車は全て盛岡を始発終点としている。二機関装備の強力車両が幹線上を快調に飛ばす。◎1991(平成3)年8月

【花輪線】冠雪の岩手山を望む花輪線平館～北森間。単行のキハ52が田園風景の中を進む。途中に龍ケ森越え等の急勾配区間が控える当路線には、二機関を備える気動車が運用されていた。車端部が白塗りの車両は機関の換装等が行われていない未更新車である。◎1992（平成4）年5月6日

【気仙沼線】気仙沼線は行き止まり駅である気仙沼の西方で大船渡線を跨ぐと南に大きく曲がり、市内を流れる大川を渡る。川の両岸には住宅が建っているが、東側から望む情景は端山が後方にそびえるのどかな眺めだった。東日本大震災により被害を受けた鉄道敷地は現在、BRTの専用道路となっている。◎気仙沼〜不動の沢　1992（平成4）年5月11日

【津軽線】津軽海峡線の開業に伴い、津軽線の青森〜蟹田間は交流電化された。しかし、民営化後もしばらくは普通列車に朱色5号に塗装された国鉄型気動車が充当された。沿線の長閑な風情も今日まで大きく変わってはいない。◎後潟〜左堰　1991（平成3）年10月

【津軽線】津軽線にはキハ40系の他、二基機関を搭載した強力車両のキハ52も使用されていた。大平から津軽二股へ向かう区間は道路と離れた山路を通る。思いの外急曲線、勾配区間が連続する難所で、国鉄型気動車は唸りを上げた。◎津軽二股〜大平　1991（平成3）年10月

【只見線】切り立った三角形の稜線から「会津のマッターホルン」という異名を持つ蒲生岳（828メートル）を背景に3両編成の気動車が只見線会津塩沢～会津大塩間を行く。只見～会津川口間は2011（平成23）年の豪雨で被災して以降は不通が続いている。◎1992（平成4）年11月12日

【小海線】野辺山の高地から千曲川が織り成す谷間へ一気に駆け下る。小海線信濃川上〜佐久広瀬間では線路近くをカラマツの林が飾る。秋になると山は燃えるような黄色に包まれ、麓を行く赤い気動車が一層映える。◎1990（平成2）年11月

【飯山線】新潟県に入り、千曲川は信濃川と名前を変える。雄大な構えの下部トラス橋梁が架かる飯山線越後鹿渡～越後田沢間を行くキハ52。床下に駆動系等、それぞれ二組備える機器を収めるために車両限界一杯まで延ばされた21.3メートルの車体が一際長く見える。◎越後鹿渡～田沢　1990（平成2）年10月

キハ40系

製造年：1977〜1982年
製造数：888両
最高運転速度：95km／h
設計最高速度：

全長：21,300mm
全幅：2,900mm
車体：普通鋼
主電動機出力：機関出力220PS

【函館本線】内浦湾をなぞるように線路が敷かれた函館本線石倉〜落部間で、普通列車と貨物列車がすれちがった。複線の非電化路線には、特急から普通、貨物列車まで多彩な車両が行き交う。その雄大な線形は北海道の風景と良く馴染む。◎1999（平成11）年5月

【函館本線】函館本線余市駅付近を行くキハ40は朱色4号の原色塗装だった。主に客車で運転されていた函館本線小樽～長万部間の普通列車だが、小樽～仁木間等の区間列車は、比較的早くから気動車化されていた。青空の下で車体の朱が映えた。◎1991 (平成3) 年8月

【富良野線】平成初期に富良野線で主力となった車両はキハ40とキハ54。二世代に亘る旧国鉄形気動車だった。晩夏の時期、沿線に広がる畑作物の収穫が一段落した鹿内～中富良野間を異形式の2両編成が行く。◎1991 (平成3) 年8月30日

【札沼線】札沼線の終点新十津川駅。奈良県十津川村からの入植者が多く居住したことから付けられた地区名だ。かつては当駅から留萌本線の石狩沼田まで線路が続いていたが、1972（昭和47）年6月19日を以って区間廃止となった。◎1999（平成11）年5月

【宗谷本線】1980（昭和55）年に駅名に似た商品名の家庭用磁器治療器のテレビコマーシャルが流れ、一躍万人に知られる存在となった比布（ぴっぷ）駅。宗谷本線では旭川～名寄間では普通、快速列車を日中1時間に1往復の割合で運転している。
◎1991（平成3）年5月

【石北本線】上川は上越地区の山越えに差し掛かる手前の特急停車駅。旭川方は開けた盆地の風情に包まれている。夕陽に車体を輝かせて、キハ40の普通列車がやって来た。車体は原色の朱色5号のみで塗装されている。◎上川〜東雲　1991 (平成3) 年9月2日

【石勝線】かつては夕張線と呼ばれた石勝線の支線区間に当たる南清水沢〜沼ノ沢間で夕張川を渡るキハ40の2両編成。かつて石炭で栄えた夕張へ向かう鉄路は、沿線にたくさんの人口を抱え、地域住民にとっては欠かせない生活路線だった。◎1999 (平成11) 年5月

【烏山線】鴻野山周辺で列車は丘陵地を越える。線路は宇井地区の山中で左右に曲線を描く。個性的な塗り分けで塗装されたキハ40は烏山線の専用車だ。ほとんどの列車は宇都宮を起点終点として、宝積寺からの二駅間を東北本線へ乗り入れていた。
◎大金～鴻野山　1992（平成４）年９月22日

【水郡線】90年代に入って水郡線で運用される気動車は路線の専用色に塗り替えられていった。車体側面に曲線を織り交ぜた斜め線を入れた三色塗装は斬新さが際立った。久慈川の谷間を抜ける近津～磐城塙間をキハ40の３両編成が行く。◎1992（平成４）年８月

【陸羽東線】名湯として名高い鳴子温泉の東方にある川渡温泉郷。陸羽東線の川渡（現・川渡温泉）駅は鉄道の最寄りとなる。当路線の普通列車は民営化後から数年間は、キハ40等の国鉄型気動車で運行されていた。◎1993（平成5）年4月20日

【陸羽東線】名湯として名高い鳴子温泉の東方にある川渡温泉郷。陸羽東線の川渡（現・川渡温泉）駅は鉄道の最寄りとなる。当路線の普通列車は民営化後から数年間は、キハ40等の国鉄型気動車で運行されていた。◎1993（平成5）年4月20日

【石巻線】旧北上川岸に水田が続く鹿又界隈。小牛田から石巻に至る石巻線の内陸部に当たる。旧国鉄時代から民営化後も長きに亘り、旅客輸送の主力を務めてきたキハ40、48は、2015 (平成27) 年に併用されてきたキハ110系へ全車が置き換わった。◎鹿又〜曽波神　1992 (平成4) 年7月

【磐越西線】磐越西線五泉駅にキハ40の単行が停車中。当路線の新津口には、信越本線新潟と馬下との間に朝夕区間列車が設定されている。手前の電化路線は1999 (平成11) 年に廃止された蒲原鉄道だ。◎1990 (平成2) 年10月

【只見線】会津坂下を発車した只見方面へ向かう列車は、会津盆地を離れて急勾配が控える山間部へ入って行く。警報器のみで遮断機のない踏切を、気動車がゆっくりと渡って行った。列車の塗装が仙台支社色に統一された頃、車両は全てキハ40、48となった。
◎塔寺〜会津坂下。1999 (平成11) 年4月

【只見線】只見線で新潟県側の区間となる越後広瀬〜薮神間を行くキハ40とキハ52の2両編成。只見線の列車には会津若松〜小出間の全線を通して運転する仕業が含まれており、民営化後は仙台支社色の車両が姿を見せていた。◎1992 (平成4) 年11月

【男鹿線】1990年代には日中の男鹿線で単行運転が見られた。八郎川に架かる長大な橋梁をキハ40が軽快に渡って行った。民営化から間もない時期の一般型気動車は、秋田支社色と呼ばれた独自の塗り分けを施されていた。◎船越〜天王　1991（平成3）年11月

【大湊線】陸奥湾に沿って走る大湊線の吹越〜有戸間。単行のキハ40が潮騒を掻き消すかのようにジョイント音を響かせながらやって来た。夏場は海上が霧に包まれる日が多く、撮影当日も対岸の津軽半島は乳白色のベールに隠されていた。◎1991(平成3)年8月19日

【米坂線】坂町駅は荒川沿いに山形盆地と日本海沿岸を結ぶ米坂線の終点。手ノ子〜羽前沼沢間の宇津峠を始めとした急勾配区間が点在する。ホームに停車する気動車はキハ47。寒冷地にも関わらず、客室ドア付近にデッキを持たない車両が使われている。◎1999(平成11)年2月

【大湊線】お盆を過ぎると下北半島は早くも初秋の装い。若干内陸部へ入った金谷沢〜近川間では、ヨイマチグサが咲く傍らからススキが短い穂を出していた。築堤を行くのは単行のキハ40。背景には恐山山地の最高峰である釜伏山 (878.6メートル) が遠望される。◎199˜ (平成3) 年8月19日

【八戸線】八戸線長苗代駅は八戸市の中心街に程近い本八戸駅と、馬淵川を挟んだ西岸に建つホーム1面の無人駅だ。キハ40ほか2連が停車中。先頭車は朱色5号の車体塗装で、登場時の雰囲気をよく保つ。右手の線路は貨物路線の八戸臨海鉄道。◎1992(平成4)年8月

【八戸線】八戸駅は東北本線が開業時に市内へ乗り入れなかったため、八戸市の市街地よりも西に離れた場所にある。市の中心部近くに建つのは八戸線の本八戸駅。しかし、新幹線の接続駅になった八戸を、予てより多くの列車が始発終点としている。◎1999(平成11)年2月

【羽越本線】羽越本線越後寒川〜今川間を行くキハ47の2両編成。脇川地区には小さな漁港があり、民家越しに普通列車が通り過ぎる様子は生活感を醸し出す。車体の塗り分けは民営化後に新津運転区（現・新津運輸区）所属の車両に施工された初代の新潟色だ。◎1993（平成5）年4月14日

【陸羽東線】堺羽東線大堀〜羽前向町（現・最上）で国道47号線と並行して白川を渡る旧国鉄型気動車の3両編成。仙台支社色のキハ40を挟む首都圏気動車色の2両はキハ23。昭和40年代に製造された近郊型気動車のグループに属する一機関搭載の両運転台車だ。◎1993（平成5）年4月

【陸羽西線】古口〜津谷間で陸羽西線は日本三大急流の一つに数えられる最上川を渡る。上部トラスが連なる橋梁上を2両編成のキハ48が行く。平成初期に普通列車の主力だった旧国鉄型の一般型気動車は民営化からしばらくの間、仙台支社色の車両が使用された。◎1991（平成3）年11月

【気仙沼線】気仙沼線は行き止まり駅である気仙沼の西方で大船渡線を跨ぐと南に大きく曲がり、市内を流れる大川を渡る。川の両岸には住宅が建っているが、東側から望む情景は端山が後方にそびえるのどかな眺めだった。東日本大震災により被害を受けた鉄道敷地は現在、BRTの専用道路となっている。◎気仙沼〜不動の沢　1992（平成4）年5月11日

キハ54

製造年：1986〜1987年　製造数：41両
最高運転速度：95km／h（1〜）
　　　　　　　95km／h→110km／h（501〜）
全長：21,300mm　全幅：2,920mm
全高：3,845mm（1〜）　3,620mm（501〜）
車体：ステンレス
主電動機出力：機関出力250PS×2基

【釧網本線】ステンレス車体のキハ54。旧国鉄の分割民営化に先立ち、旧型車を置き換える目的で製造された。北海道向けの500番台車に1986（昭和61）年に29両が製造された。釧網本線では普通列車の他、快速「しれとこ」（現　しれとこ摩周号）の運用に就く。◎摩周〜美留和　1999（平成11）年5月

【留萌本線】水田に水が張られた留萌本線藤山〜幌糠間を気持ちよさそうに走るキハ54。昭和初期から本線を名乗り、急行、トロッコ等の「観光列」車が運転された実績を持つ路線だが、普通列車は単行の気動車が普段着の姿だった。◎1999（平成11）年5

【留萌本線】留萌本線の終点は増毛駅。近くの丘には灯台が建つ。かつて海側に数本の貨物側線を備えていた構内は晩年、旅客用ホーム1面のみが残る棒線形状となっていた。当路線の末端区間であった留萌〜増毛間は2016（平成29）年12月5日に廃止された。◎1999（平成11）年5月

【磐越西線】ED77形が牽く50系客車列車。ED77形は東北地方向けに開発され郡山〜喜多方間電化時に投入された。全車とも福島機関区に配置され結果的には磐越西線のみでの運用となり、他線区では使用されなかった。◎1991(平成3)年8月

【函館本線】日本海の波が海岸へ小石を打ち上げる函館本線張碓〜銭函を行くED76 500番台車牽引の51形客車。函館本線の電化区間で運転していた客車列車は、1994（平成6）年に全て電車、気動車に置き換えられた。◎1991（平成3）年8月

【富良野線】中富良野の観光農園ファーム富田のラベンダーが花開く、夏の行楽期にのみ営業するラベンダー駅。ディーゼル機関車に牽かれたトロッコ列車がゆっくりとホームに入って来た。「富良野・美瑛ノロッコ号」は例年6月から10月にかけて運転される。◎1999（平成11）年7月

【留萌本線】テレビドラマの撮影を機に1999（平成11）年から留萌本線で運転された快速「SLすずらん号」。動態復元されたC11 171号機が客車4両を牽引して深川〜留萌間を走った。2002年からは運転区間が増毛まで延長された。留萌〜増毛間は全席自由席の扱いだった。◎藤山〜幌糠 1999（平成11）年5月16日

キハ37形／38形

製造数：135両
最高運転速度：120km／h
設計最高速度：120km／h（F-14編成まで）130km／h
車体：ステンレス

【八高線】八高線の起点八王子駅構内に佇む通勤型気動車。先頭のキハ38は当路線で運行されている老朽化したキハ35の置き換え用として1986（昭和61）年から翌年にかけて7両が製造された。新製車だが製造費抑制の観点からキハ35の改造車名義とし、旧国鉄工場で製造した。
◎1991（平成3）年6月

【久留里線】現在の千葉県袖ケ浦市は、1991年に市制を施行した平成生まれの市だ。市内をかすめるように走る久留里線は、横田〜東清川間で小櫃川を渡る。キハ30、35の車体塗装は民営化後に登場した路線の専用色である。◎1991(平成3)年3月30日

【石北本線】石北本線の旭川口では、線路と石狩川が絡みながら東方の峠路へ延びる。キハ56と27の2両編成が気動車急行色のいで立ちで紅葉の森間に架かる橋梁を渡って行った。背景には北海道の屋根と称される大雪山系が望まれる。◎愛山〜中愛別1991（平成3）年10月

【久留里線】旧国鉄末期の1983（昭和58）年に登場したキハ37。高出力、高燃費を確保するために国鉄車両では初めて直噴式の機関を採用した。財政難に悩む組織の中で製造費の削減にも着目し、廃車発生部品の再利用にも努めた。◎2012（平成24）年9月22日

【久留里線】通勤形気動車キハ30、35、36の後継車両として1986（昭和61）年から翌年にかけて製造されたキハ38。客室扉は片側3か所。座席は全てロングシートである。八高線に投入され、晩年は全車久留里線で運用された。◎2008（平成20）年9月4日

キハ56系

製造年：1961〜1968年
製造数：251両
最高運転速度：95km／h

全長：21,300mm　全幅：2,944mm
全高：3,925
車体：普通鋼
主電動機出力：機関出力180PS／1500rpm

【深名線】北海道では10月上旬に紅葉が盛りを迎える地域が多い。白樺の木立が見える深名線下幌成〜鷹泊。深川口となる深川〜幌加内間を通る列車は1日6往復だった。いずれの列車も気動車の単行で運転していた。◎1991（平成3）年10月

【日高本線】太平洋に面した日高本線蓬栄〜日高三石間を行くキハ27、56。札幌〜様似間で運行していた急行「えりも」が1986（昭和61）年に廃止されてからも、引き続き急行型気動車が路線内の一部普通列車に使われた。◎1999（平成11）年5月

【日高本線】太平洋に面した日高地方を流れる三石川の河口付近には、競走馬を育てる牧場が点在する。牧草を食む毛並みの良い馬を遠くに見て、キハ56、27の2両編成が日高本線蓬栄〜日高三石間を行く。車両正面上の種別表示には「普通」の文字が入る。◎1999（平成11）年5月

【石北本線】石北本線の旭川口では、線路と石狩川が絡みながら東方の峠路へ延びる。キハ56と27の2両編成が気動車急行色のいで立ちで紅葉の森間に架かる橋梁を渡って行った。背景には北海道の屋根と称される大雪山系が望まれる。◎愛山〜中愛別1991(平成3)年10月

キハ58系

製造年：1961～1969年
製造数：1,823両
最高運転速度：95km／h（JR東海のキハ58 5000・5100番台は110km／h）

全長：21,300mm
全幅：2,944mm
全高：3,925　車体：普通鋼
主電動機出力：機関出力180PS／1500rpm

【只見線】金山町役場や小学校、高校がある会津川口駅周辺は地域の中心地。駅は駅長が配置されている直営駅だ。降りしきる雪の中、タブレットキャリアを携えた駅員がホームで列車を見送る。通票による閉塞方式は2012（平成24）年まで行われていた。◎1992（平成4）年2月

【磐越西線】磐越西線五十島駅に停車するキハ58の普通列車。新潟色の車両は新津運転区（現・新津運輸区）に所属する。後ろの2両は冷房化改造を受けている。キハ58、28は同区に2010（平成22）年まで在籍した。◎1992（平成4）年11月

【大糸線】ヒスイが採取される姫川の深い谷を行く大糸線の非電化区間。厳しい地形故にトンネルで蛇行する川筋を短絡する区間が多い。平岩駅付近では姫川に注ぐ大所川を渡る。2両編成のキハ58は、民営化初期に見られた大糸線の専用色塗装だ。◎小滝〜平岩　1990（平成2）年9月

【田沢湖線】1982（昭和57）年に全線が交流電化された田沢湖線。しかし、急行「たざわ」や大曲方で運転される普通列車の多くは気動車で運転されていた。白地に赤い帯を巻いた盛岡支社色のキハ58は、急行運用にも就いた車両だ。◎生田駅1992（平成4）年5月

【小海線】信濃川上付近から小海線と絡むように流れる千曲川は、線路と国道に挟まれた松原湖〜海尻間で渓谷をかたちづくる。小海線を象徴する高原風景とは一味違ったもう一つの絶景だ。キハ58が気動車急行色の装いで紅葉した川沿いを走る。◎松原湖〜海尻 1990(平成2)年11月

【陸羽東線】陸羽東線池月駅に停車する快速「いでゆ」。地域色塗装のキハ58が充当されている。1986 (昭和61) 年より運行していた快速列車に、1988年3月11日のダイヤ改正時に名称を付けた。当路線内の運転以外に仙台、石巻線女川発着の便もあった。
◎1993 (平成5) 年4月21日

キハ110系

製造年：1990〜1999年　全長：20,500㎜　全幅：2,928㎜
最高運転速度：100km／h　全高：3,995㎜
車体：普通鋼
主電動機出力：機関出力420PS／2000rpm

【八高線】八高線の高麗川〜北藤岡間は非電化区間。旅客列車は気動車で運転している。キハ110は1993（平成5）年に高崎口の区間列車に投入された。1996年に八王子〜高麗川間が電化された機会に、八高線内の気動車列車は同形式で統一された。◎越生〜明覚　1998（平成10）年12月28日

【水郡線】久慈川と離れた平野部へ出れば、水郡線の終点水戸まではあと僅かだ。常陸鴻巣〜上菅谷間をキハ110の3両編成が行く。民営化後に登場した新系列気動車は、1992（平成4）年から当路線へ投入された。◎常陸鴻巣〜宇上菅谷　1998（平成10）年12月26日

【大船渡線】大船渡湾沿岸を行く大船渡線の下船渡～大船渡間。背景には広い上屋を備えた市場が見える。沿線は東日本大震災で津波等により甚大な被害を受けた。気仙沼～盛間は鉄路が復旧されず、BRT（バス・ラピッド・トランジット　）による輸送が行われている。◎1992（平成4）年5月

【釜石線】釜石市は鉄鋼業で栄えた街だ。釜石駅の南側には新日本製鉄（現・新日鐵住金）釜石製鉄所の広大な構内が広がっている。駅構内に何本も敷かれた側線はかつて貨車で埋まった。民営化後もしばらくは鉄道による貨物輸送が継続された。
◎1992（平成4）年5月2日

【陸羽東線】駅周辺の水田に水が入り始めた陸羽東線東長沢へ入線するキハ110系。国鉄型気動車を置き換えるべく、車内等を普通列車仕様にした新型車両が地方路線に投入された。陸羽東西線用の車両には専用塗色が用意された。◎1993（平成5）年5月10日

【左沢線】左沢線の車両近代化に際し、1993(平成5)年から1997年にかけて製造されたキハ101。車内の座席配置等が異なるために、同系車両のキハ100とは別形式となった。白と水色の塗り分けは左沢線の専用塗装だ。
◎羽前金沢～羽前山辺　1999(平成11)年4月

【北上線】2月の声を聞けば、かまくらが有名な雪まつりで盛り上がる秋田県横手市。この年の駅構内は雪に埋もれていた。ホームに並ぶ柱の袂にまで雪が降り積もる中、辛うじて除雪された北上線のりばで北上行きの列車が発車時刻を待っていた。
◎横手駅　1999(平成11)年2月

【釜石線】沿線に民話の里遠野がある釜石線。鱒沢駅周辺は春の花に囲まれ、昔話の舞台に似た風情となっていた。当路線へは急行「陸中」用にキハ110系が投入された後、やや小振りなキハ100が普通列車を担当するようになった。◎鱒沢〜荒谷前　1992（平成4）年5月6日

【大湊線】大湊線の終端部近くとなる下北〜大湊間で田名部川を渡る単行のキハ100。投入当初は旧国鉄型気動車と併用されたが、2014（平成26）年3月15日のダイヤ改正以降は、大湊線で全ての定期列車を担当している。◎1999（平成11）年8月4日

【大湊線】大湊線の春を飾るのは菜の花畑。陸奥横浜周辺の沿線では、例年5月を迎える頃になると広々と区画整理された畑は黄色く染まる。花を揺らして走る列車は快速「しもきた」。青森、八戸〜大湊間に5往復設定された。◎近川〜有畑　1990（平成2）年4月27日

【小海線】JR東日本発足以降、地方の非電化路線に用いられる気動車の標準型となったキハ110は1991（平成3）年に小海線へ投入された。キハ58、52等の旧国鉄型気動車を置き換え、現在に至るまで当路線の主力となった。◎小渕沢～甲斐小泉　2000（平成12）年7月

【八高線】八高線で運用に就くキハ110形200番台車。1993（平成5）年から製造された普通列車仕様の車両だ。トイレを備える両運転台車である。明灰色の地に萌黄色の塗り分けを入れた塗装は、多くの使用線区で共通の仕様。◎2018（平成30）年4月18日

【小海線】2017（平成29）年から小海線で運行を始めた観光列車「HIGHT RAIL 1375」。車内等を大幅に改装したキハ112-711、キハ103-711が専用車両だ。車内にはプラネタリウムも。浅間山を背景にして太田部〜龍岡城間を行く。◎2018（平成30）年3月17日

【飯山線】千曲川を望む飯山線立ヶ花〜上今井間を行くキハ112、111。当路線の列車はワンマン運転を開始した1997（平成9）年に全ての列車が旧国鉄型気動車からキハ110系に置き換えられた。冷房装置を始め、車内設備は大いに改善された。◎1991（平成3）年4月23日

【陸羽西線】最上川へ注ぐ立谷沢川に架かる橋梁を進むキハ110。清川を発車した新庄行きの列車は古口付近まで、蛇行する最上川に沿って山中を進む。車窓からは淡い緑を映し出す、初夏の川面を堪能できる。途中では川下りの観光舟と出会うことも。◎清川～高屋　1991（平成3）年5月10日

【小海線】紅葉が僅かに残る初冬。木立の中にキハ110が現れた。小淵沢から清里へ向かう小海線の路には急勾配が連続する。川俣川の深い谷間をオメガカーブで高度を稼ぎながら上る甲斐大泉～清里間には33パーミルの勾配が立ちはだかる。◎小淵沢～甲斐小泉　1998（平成10）年12月

キハE120

製造年：2008年
製造数：8両
最高運転速度：100km／h
全長：20,000mm
車体：ステンレス
主電動機出力：機関出力331kW（450PS）

【羽越本線】新潟地区に投入されたローカル線用気動車のキハE120。先に導入されたE130系と共通点が多い。全車が新津運輸区に配置され、8両のみの少数派の車両であるがキハ110系との併結運転も行われている。磐越西線、羽越本線などで運用中。

キハE130系

製造年：2006～2018年
製造数：72両
　　　（2018年3月時点）
最高運転速度：100km／h
設計最高速度：
全長：20,000mm
全幅：2,920mm
全高：3,620mm
車体：ステンレス
主電動機出力：
　331kW（450PS）×1

【八戸線】2017（平成29）年12月から八戸線の営業列車に投入されたキハE130系500番台車。太平洋をイメージした水色の帯を巻く。客室扉付近にはウミネコを描いたマークが描かれている。白、黒、灰色、水色を塗り分けた正面部分は落ち着いた表情だ。床下機器等も明るい灰色に塗られている。◎2017（平成29）年9月26日

【水郡線】両運転台のキハE130系は赤系の車体色でトイレが付いている。水郡線のカラーリングは一般参加によるアンケートで決まり紅葉や久慈川の流れを表している。水郡線は「奥久慈清流ライン」という愛称で呼ばれ観光での利用者も多い。

【水郡線】水郡線用のキハE130系は0番台車。片運転台車のキハE131と132は沿線を流れる久慈川と新緑をイメージした青緑色の塗り分けが側面にある。客室扉は黄色。運転台周りは白と黒、黄色の塗り分けが施されている。◎2019（平成31）年3月2

【久留里線】久留里線の旧型車両を置き換えるために新製されたE130系100番台車。両運転台車でトイレは設置されていない。キハ37、38で採用された赤、緑、黄の3色塗装を継承しながら、先代とは異なる組み合わせの塗り分けとなっている。◎2013（平成25）年6月9日

キハE200

製造年：2007年
製造数：3両
最高運転速度：100km／h

全長：20,000mm　全幅：2,920mm
全高：3,620mm
車体：ステンレス
主電動機出力：95kW×2

【小海線】2007（平成20）年に世界初の営業用ハイブリッド車両として登場したキハE200形。ディーゼルエンジンとリチュウム蓄電池を組み合わせ、かご形三層誘導電動機で車輪を駆動する。小海線で定期列車の一部を担当する

【小海線】小海線で活躍しているキハE200。キハE120との共通点も多いが、車体色や屋根の上の搭載機器が異なる。世界初の営業用ハイブリッドDCであるが、誕生から既に10年以上経過している。◎2008（平成20）年7月26日

HB-E210

製造年：2015年
製造数：8編成16両
最高運転速度：100km／h

全長：20,000mm　全幅：2,950mm
全高：3,620mm
車体：ステンレス
主電動機出力：95kW×2

【仙台東北ライン】仙台市と石巻市、女川町を東北本線、仙山線、石巻線経由で結ぶ仙台東北ライン。電化、非電化路線に跨る経路を走破できる車両として投入された車両がHB-E210系だ。ディーゼルエンジンで発電した電気と蓄電池で駆動するハイブリッド車両である。◎2015（平成27）年8月11日

GV-E400系

【新津運輸区】ディーゼルエンジンで発電した電気で主電動機を駆動する電気式気動車のGV-E400系（右）。両運転台車のGVE-400形と、片側運転台車を2両固定編成にしたGV-E401、402形がある。新潟地区、秋田地区で運転しているキハ40等の旧型車両を置き換える予定だ。◎2018（平成30）年6月28日

キハ130形

製造年：1988〜1989年
製造数：11両
全長：15,800mm
車体：普通鋼
主電動機出力：機関出力250PS／2000rpm

【深名線】函館本線深川と宗谷本線名寄を朱鞠内経由で結んでいた深名線。上幌加内〜政和間では雨竜川沿いの渓谷を行く列車を見ることができた。同区間には雨煙別、政和温泉と2か所に駅があった。しかし路線の廃止に先立ち、1990（平成2）年に廃止された。◎1991（平成3）年10月

キハ141系

製造年：1990～1993年　製造数：14両
最高運転速度：95km/h（キハ141形・キハ142形）110km/h（キハ143形）
車体：普通鋼
主電動機出力：機関出力250PS／2,000rpm×2基

【札沼線】客車から改造された気動車キハ141。種車は北海道で気動車化、電車化の促進で余剰となっていたオハフ51である。1990（平成2）年から1993年にかけて14両が製造された。駆動機関等の異なる同系車にキハ142、143形がある。◎2012（平成24）年8月23日

キハ150

製造年：1993～1995年
製造数：27両
最高運転速度：110km／h
全長：20,000mm　全幅：2,925.4mm
全高：3,940mm
車体：普通鋼
主電動機出力：機関出力450PS／2,000rpm（連続定格）

【富良野線】キハ150はワンマン運転に対応した地方路線向けのDC。0番台と100番台が存在し、富良野線で使用される0番台は旭川運転所の所属でラベンダーをイメージしたライトパープルと黄緑色のラインが入る。◎美瑛駅 2016（平成28）年9月11日

【室蘭本線】キハ150は民営化からしばらく歳月を経た1993（平成5）年に登場。100番台車は冷房装置を搭載せず、客室天井にクールファンを設置した。苫小牧運転所の所属車は長万部〜苫小牧、室蘭〜東室蘭間で普通運用に就く。◎東室蘭駅付近　1994（平成6）年3月23日

キハ201系

製造年：1996年
製造数：4編成12両
最高運転速度：120km／h
設計最高速度：130km／h

全長：21,670mm（100番台） 21,300mm（200番台）
全幅：2,800mm
全高：3,620mm（100番台） 4,012mm（200番台）
車体：ステンレス 主電動機出力：

【函館本線】電車と総括制御で運転できる気動車として登場したキハ201系。函館本線小樽～倶知安間等非電化路線での運用のほか、731系電車と併結した6両編成となって、電化区間を走る運用も担当する。◎2014（平成26）年3月10日

【函館本線】江別駅に停車しているキハ201系がデビューしたのは1996（平成8）年であった。731系電車との協調運転を可能にした気動車である。電化により学園都市線の運行からは外れている。◎2013（平成25）年7月31日

H100形

製造年：2018年
最高運転速度：100km／h
全長：20,000mm　全幅：2,800mm
全高：3,635mm
車体：軽量ステンレス（efACE）
主電動機出力：機関出力331kW（450PS／2,000rpm）

【JR北海道】北海道に残る旧型気動車を置き換えるべく開発されたH100形。JR東日本のGV-E400系と同等の性能を有する電気式気動車である。Diesel Electric Car With Motorに由来する「DECMO(デクモ)」の愛称を持つ。◎2019(平成31)年1月29日

【JR北海道】ホワイトとグリーンのラインで自然との調和を表し、「新しい北海道らしさ」表現された新型電気式気動車H100形。

【著者プロフィール】

牧野和人（まきの かずと）

1962（昭和37）年、三重県生まれ。写真家。京都工芸繊維大学卒。幼少期より鉄道の撮影に親しむ。平成13年より生業として写真撮影、執筆業に取り組み、撮影会講師等を務める。企業広告、カレンダー、時刻表、旅行誌、趣味誌等に作品を多数発表。臨場感溢れる絵づくりをもっとうに四季の移ろいを求めて全国各地へ出向いている。

【写真】

安田就視（やすだ なるみ）

1931（昭和6）年2月、香川県生まれ、写真家。日本画家の父につき、日本画や漫画を習う。高松市で漆器の蒔絵を描き、彫刻を習う。その後、カメラマンになり大自然の風景に魅せられ、北海道から九州まで全国各地の旅を続ける。蒸気機関車をはじめとする消えゆく昭和の鉄道風景をオールカラーで撮影。

【写真提供】

小川峯生、荻原二郎、RGG、PIXTA

平成の鉄道アルバム
JR普通列車編【関東・甲信越・東北・北海道】

2019年5月7日　第1刷発行

著　者……………牧野和人
発行人……………高山和彦
発行所……………株式会社フォト・パブリッシング
　　　　　　　〒161-0032　東京都新宿区中落合2-12-26
　　　　　　　TEL.03-5988-8951　FAX.03-5988-8958
発売元……………株式会社メディアパル
　　　　　　　〒162-8710　東京都新宿区東五軒町6-24
　　　　　　　TEL.03-5261-1171　FAX.03-3235-4645
デザイン・DTP………柏倉栄治（装丁・本文とも）
印刷所……………株式会社シナノパブリッシングプレス

ISBN978-4-8021-3148-3 C0026

本書の内容についてのお問い合わせは、上記の発行元（フォト・パブリッシング）編集部宛てのEメール（henshuubu@photo-pub.co.jp）または郵送・ファックスによる書面にてお願いいたします。